El Asombroso
Poder de las
Emociones

Títulos de temas relacionados de Hay House

Cambie sus pensamientos y cambie su vida, Wayne W. Dyer, Ph.D.

El dinero y la Ley de Atracción, Esther y Jerry Hicks

Dios, la creación, e instrumentos para la vida, Sylvia Browne

La edad de los milagros, Marianne Williamson

El fascinante poder de la intención deliberada, Esther y Jerry Hicks

Gratitud, Louise L. Hay

Inspiración, Wayne W. Dyer, Ph.D.

La Ley de Atracción, Esther y Jerry Hicks

Meditaciones para sanar tu vida, Louise L. Hay

En mis propias palabras, Su Santidad el Dalai Lama

La Matriz Divina, Gregg Braden

¡El mundo te está esperando!, Louise L. Hay

Pedid que ya se os ha dado, Esther y Jerry Hicks

Pensamientos del corazón, Louise L. Hay

El poder contra la fuerza, David R. Hawkins, M.D., Ph.D.

El poder está dentro de ti, Louise L. Hay

El poder de la intención, Wayne W. Dyer, Ph.D.

Respuestas, Louise L. Hay

Sana tu cuerpo, Louise L. Hay

Sana tu cuerpo A–Z, Louise L. Hay

10 Secretos para conseguir el éxito y la paz interior,
Wayne W. Dyer, Ph.D.

Sobrevivir para contarlo, Immaculée Ilibagiza

Usted puede sanar su vida, Louise L. Hay

Vive tu vida, Carlos Warter, M.D., Ph.D.

Vivir en equilibrio, Wayne W. Dyer, Ph.D.

¡Vivir! Reflexiones sobre nuestro viaje por la vida, Louise L. Hay

(760) 431-7695 o (800) 654-5126
(760) 431-6948 (fax) o (800) 650-5115 (fax)
Hay House USA: **www.hayhouse.com**®

El Asombroso
Poder de las
Emociones

Permita que sus sentimientos sean su guía

ESTHER y JERRY HICKS

(Las Enseñanzas de Abraham®)

HAY HOUSE, INC.
Carlsbad, California • New York City
London • Sydney • Johannesburg
Vancouver • Hong Kong • New Delhi

Publicado y distribuido en los Estados Unidos por: Hay House, Inc., P.O. Box 5100, Carlsbad, CA 92018-5100 USA • (760) 431-7695 o al (800) 654-5126 • (760) 431-6948 (fax) o al (800) 650-5115 (fax) • www.hayhouse.com®

Supervisión de la editorial: Jill Kramer • *Diseño:* Riann Bender
Traducción al español: Adriana Miniño: **adriana@mincor.net**

Título del original en inglés: *THE ASTONISHING POWER OF EMOTIONS: Let Your Feelings Be Your Guide*

ISBN: 978-1-4019-1871-2

Impresión #1: Agosto 2009

Impreso en los Estados Unidos

*Hemos tenido el placer de conocer a algunas de las
personas más influyentes de nuestra época; pero no hemos
conocido a nadie que haya sido una fuente mayor de efusión,
de inspiración positiva, que Louise Hay (Lulú), fundadora de
Hay House. Como resultado de su guía y visión, Hay House, Inc.,
se ha convertido ahora en el más amplio difusor de
materiales espirituales y de superación personal.*

*Por esta razón, y llenos de amor y de aprecio,
le dedicamos este libro a Louise Hay y a cada una
de las personas que ella ha atraído con su visión.*

Contenido

Prefacio

por Jerry Hicks

"¡Este es un gran libro!... Para cualquiera que desee mejorar su vida: ¡este es un gran libro!"

Esa fue la exclamación de Esther hace unos momentos mientras evaluaba los toques finales de éste, nuestro último libro de Abraham: *El asombroso poder de las emociones*. Esther y yo hemos escrito y publicado libros en equipo, como esposos por dos décadas, y ésta es la primera vez que ella me ha *dicho*: "¡Este es un gran libro!", en vez de *preguntarme*: "¿Qué te parece el libro?".

En mi opinión, éste es el más innovador y poderoso de los libros de la serie de Abraham publicado hasta la fecha. Por esa razón, es posible que algunos lectores lo consideren demasiado complicado, o demasiado en la Percepción Avanzada, para llegar a captarlo por completo. Pero, por otro lado, quizá habrá algunos que sentirán que esta información es demasiado simple o incluso inapropiada.

Escribí este Prefacio con la intención de guiarlos desde posibles sentimientos como: *Es demasiado complicado o es demasiado simple,* hacia la percepción de que *ustedes pueden usar de inmediato esta información práctica, y en la Percepción Avanzada, para crear más y más de lo que desean, o para ser de mayor valor para los demás.*

Ahora bien, ¿qué tal que alguien les dijera que ustedes *tienen* un propósito en la vida y que su propósito es permitir más alegría?

Y, ¿qué tal que alguien les dijera que la verdadera medida del éxito en su vida es la cantidad de alegría que hay en ella?

¿Qué tal que le dijeran que no solamente la base inherente de su vida es la libertad, y que *nacieron* libres, sino que además, puesto que tienen la libertad de elegir sus propios pensamientos, siempre *son* libres?

¿Qué tal que les explicaran que cada vez que buscan un pensamiento que los hace sentir mejor, están, en ese momento, logrando su propósito? Están añadiendo al progreso, a la evolución del Bienestar de *Todo lo que es*.

¿Qué tal si les hubieran informado que sus creencias, en apariencia sólidas, son apenas una serie de pensamientos individuales coagulados que tuvieron en una ocasión, y luego siguieron pensando? ¿Qué tal si les dijeran que desde el momento de su nacimiento (e incluso antes), sus pensamientos y, por lo tanto, la formación de sus creencias, fueron influenciados en gran parte por aquellos que vinieron antes de ustedes?

Y, ¿qué tal que les dijeran que las experiencias de sus vidas son, en esencia, el resultado de sus pensamientos dominantes; y que la esencia de esos pensamientos en que enfocan su atención el tiempo suficiente, se manifiesta luego en su realidad? Es decir: "Me ha ocurrido lo que más temía"; "Lo que crees que te va a pasar, te pasa"; "Piense y hágase rico"; "Dios los crea y ellos se juntan"; "Cosechas lo que siembras...".

Ahora, consideren lo siguiente: si de alguna manera hubieran estado conscientes de los conceptos anteriores, ¿no desearían ahora comprobar personalmente su validez? ¿No habría algunos puntos que desearían aclarar para sí mismos? ¿No se sentirían quizá inspirados a tomar algún tipo de acción práctica?

Algunos de ustedes, al leer estas palabras, sienten que les evoca un lugar muy en su interior, en donde en una época, recordaban todo esto. Y si ése es el caso, podrían ser de los que están listos para comenzar a usar este libro de inmediato, y refrescar su memoria respecto, no solamente acerca de *quiénes son en verdad*, sino, además, al valor y al propósito de sus experiencias de vida en esta época y lugar actuales.

A lo que llaman su *conciencia*, es su creencia infundida (fomentada en ustedes por aquellos que vinieron antes), de todo lo que es *correcto*, versus lo *incorrecto*, acerca de lo que sean, hagan o tengan.

Y puesto que este sistema de creencias les ha sido impuesto desde el exterior, también puede ser modificado según el criterio de quien sea que esté influenciando actualmente sus pensamientos.

En otras palabras, nuestras conciencias, diversas y flexibles, han sido moldeadas por: temores, elogios, advertencias y recompensas prometidas, o castigos amenazantes, que serán aplicados (ahora o más adelante) por aquellas generaciones que nos han precedido. Por lo tanto, con el fin de intentar aliviar la conciencia de los que, debido a sus miedos, buscan controlar a los demás, toda generación es aleccionada (incluso por medio de Pepito Grillo, el famoso personaje de historietas) a "dejar que su conciencia sea su guía".

Puesto que millones de culturas, sociedades, religiones, gobernantes, líderes y maestros (y también padres) previos a nosotros, han tratado de transmitir la mayoría de sus sistemas de creencias a cada nueva generación, nos encontramos compartiendo un mundo en el cual hay una amplio rango de opiniones conflictivas —así como guerras violentas— respecto a *cuál* conciencia entre éstas deberíamos permitir que nos guíe. Es decir, ¿cuáles pensamientos, creencias o conciencia debería ser su guía respecto a lo que es correcto o incorrecto para ustedes?

Por consiguiente, ¿no sería apropiado formularse la pregunta: *¿Cuáles pensamientos, creencias o conciencia arraigada debería ser mi guía respecto a lo que es apropiado para mí?* Y bien, este libro, con su subtítulo: *Permita que sus sentimientos sean su guía,* les ha sido ofrecido como respuesta a esa pregunta específica. *Si mi propósito es descubrir formas de mejorar lo que siento..., y si mis pensamientos son equivalentes a mis creencias, a mis sentimientos y, por lo tanto, equivalentes a mi experiencia..., y si puedo, por medio de la* Ley de Atracción *(atraigo la esencia de aquello que es similar), cambiar mi experiencia cambiando mis pensamientos..., entonces, ¿cómo puedo determinar cuáles de mis pensamientos y creencias atraerán hacia mí lo que en verdad me agrada?*

Este libro es único en muchos aspectos; pero, principalmente, en que ha sido escrito para responder esa pregunta en particular. Y la respuesta es, en resumen: *dejaré que mis <u>sentimientos</u> sean mi guía.*

Esta obra ha sido escrita como respuesta a *su* demanda de más. No se trata de arreglar o salvar un mundo que no desea, ni necesita de arreglo o salvación (pues no está descompuesto). *Estas Enseñanzas de Abraham tratan, sencillamente, de que ustedes sigan creando la vida gozosa y plena, que tenían la intención de crear, permitiendo que los demás creen según su intención.*

Ustedes desean más, sin importar lo maravillosamente bien que se sienten ahora mismo. Sin tener en cuenta lo bien que se sienten, desean sentirse mejor. Ése es el mantra del Universo siempre en expansión: ¡Más! ¡Más! ¡Más! *Más expansión. Más expresión. Más exposición. Más deseos. ¡Más vida!*

Nuestro planeta Tierra está poblado por miles de millones de seres como nosotros, cada uno pidiendo una vida mejor, cada uno pidiendo una forma de sentirnos mejor de lo que nos sentimos. Ustedes y yo, individualmente, tenemos la opción en cada momento de *permitirnos* recibir el Bienestar que es natural para nosotros; o de *resistirlo*. Y, de igual manera, los miles de millones de otros seres, que están pidiendo más, también tienen la misma opción. Y aunque no hay nada que podamos desear que nuestro Universo ilimitado y abundante no tenga la capacidad de darnos, no podemos recibir lo que no permitimos.

Este libro se sustenta a sí mismo como otro volumen completo de las Enseñanzas de Abraham. No obstante, reposa sólidamente en los hombros de las respuestas acumuladas de miles de preguntas que muchos le hemos formulado a Abraham, desde que comenzó su comunicación con nosotros en 1985.

¿Quién *es*, entonces, Abraham? Lo describiría como un fenómeno inefable No Físico. Lo siento como un "grupo" de maestros incondicionalmente amorosos y extremadamente sabios de los usos prácticos de las *Leyes naturales del Universo*... Los he descrito como la forma más pura de amor que haya conocido jamás.

Abraham, de alguna manera, proyecta bloques de ideas (no palabras) que Esther, mi esposa, recibe de algún modo (similar a un receptor de radio), en respuesta a nuestras preguntas. (Ellos jamás se imponen; sólo vienen cuando los llamamos).

Muy similar a como un intérprete podría traducir una conversación del español al inglés (idea por idea, y no palabra por palabra), Esther convierte al instante las ideas no verbales proyectadas por Abraham en inglés, lengua nativa de Esther. Y aunque no entiendo con exactitud cómo Esther es capaz de hacerlo, sé con certeza que, por más de veinte años, he disfrutado cada minuto...;

porque no solamente ha sido plenamente satisfactorio en lo personal, sino que, además, he tenido el placer constante de ser testigo del valor de Abraham para las miles de personas a quienes ellos les han respondido sus preguntas.

En el corazón de estas enseñanzas, desde el comienzo de nuestra relación, yacía el tema de Abraham sobre la *Ley de Atracción* universal. (Si desea un caudal de información gratis respecto a la *Ley de Atracción*, o a las Enseñanzas de Abraham, visite nuestra página interactiva de Internet: **www.abraham-hicks.com**).

En 1985, cuando se inició este fenómeno, le pregunté a Abraham cuáles eran las *Leyes del Universo* bajo las cuales podíamos vivir nuestras vidas de la forma más natural (en contraste con las leyes antinaturales inventadas por los humanos, como medio para controlar o inhibir a otros seres humanos). La primera *Ley* que Abraham nos entregó fue la *Ley de Atracción (atraigo la esencia de aquello que es similar).* No recuerdo haber escuchado ese término antes de Abraham (aunque, mientras escribo esto, parece haber pocos angloparlantes que no hayan escuchado recientemente hablar de la *Ley de Atracción*). Pero, con la claridad que Abraham se enfocaba en ese entonces, era algo nuevo y emocionante para mí. Así fue que en 1985, comencé a crear cintas de audio sobre una serie de 20 *Temas Especiales* de mis preguntas a Abraham, respecto a las formas de mejorar varios aspectos de nuestras vidas.

Nuestra primera grabación fue titulada: *La Ley de Atracción,* y ésta ha estado disponible por unos veinte años; al principio en forma de una grabación gratis introductora y, luego, como una descarga gratis de nuestra página de Internet. (Hace poco, transcribimos las primeras cinco de esas veinte grabaciones y las convertimos en el primer libro [Hay House, 2006], de lo que es ahora una serie de cuatro libros sobre la *Ley de Atracción*). Estos son: *La Ley de Atracción: Conceptos básicos de las Enseñanzas de Abraham; El dinero y la Ley de Atracción: Cómo aprender a atraer prosperidad, salud y felicidad; Relationships, and the Law of Attraction;* y *Spirituality, and the Law of Attraction.*

Durante las siguientes dos décadas, muchos autores, guionistas y productores de cine (que a menudo estaban inscritos en nuestro *Programa Semanal de Suscripción*), al percibir la originalidad, el poder y el valor de la perspectiva de vida de Abraham y de las *Leyes Naturales del Universo* —especialmente, el término *Ley de*

Atracción—, comenzaron a utilizarlos en sus variados proyectos. Cambiaron ligeramente las palabras y publicaron esta información bajo sus propios nombres (ocasionalmente, con una referencia respecto a la fuente de información), logrando que, hasta la actualidad, el término *Ley de Atracción* esté en las mentes y en el lenguaje de millones de personas alrededor del mundo. Sin embargo, puesto que las palabras de Abraham fueron siempre cambiadas (probablemente para no violar las leyes de derecho de propiedad intelectual), y a pesar de que millones de personas han escuchado ahora alguna versión de la *Ley de Atracción,* la mayoría no ha recibido suficiente información clara de esas versiones abreviadas como para entender, verdaderamente, este concepto innovador y usarlo de forma intencional. No obstante, muchos autores *sí* acreditan las Enseñanzas de Abraham como fuente de inspiración; y Esther y yo nos sentimos muy agradecidos con esos individuos creativos, que dirigen a los demás hacia la Fuente de donde *ellos* aprendieron por primera vez la profundidad y el poder de estos principios, según nos han sido presentados por Abraham a través de Esther.

Es probable que les parezca interesante lo siguiente: en 1965 descubrí el libro clásico de Napoleón Hill titulado: *Piense y hágase rico* (lo utilicé deliberadamente y me funcionó ¡de forma maravillosa!). Tuve tanto éxito al usar los principios del señor Hill como libro de texto, en conjunción con mi negocio, que empecé a enseñarlo a otras personas.

La declaración de mi misión en ese entonces es la misma de hoy: *Mi intención es que las vidas de todas las personas con las que me relaciono, se eleven o permanezcan donde están, pero que nadie quede empequeñecido como resultado de nuestra relación.*

Después de unos cuantos años enseñando los principios del éxito del señor Hill, comprendí que solamente unos pocos de mis alumnos, había logrado la magnitud del éxito que yo estaba anticipando para todos. Y a pesar de que muchos alcanzaron un crecimiento significativo, también hubo otros que parecían no lograr el éxito financiero previsto, sin importar la cantidad de cursos de prosperidad que recibieran.

En las primeras nueve páginas del libro del señor Hill, él instruye a sus lectores a buscar el *secreto.* (Menciona el "secreto oculto" 24 veces). Bien, probablemente, leí ese libro más de mil veces entre 1965 y 1982, pero nunca tuve la certeza de saber cuál era en realidad "el secreto". Sentía que algo faltaba. De alguna manera, percibía que había otro factor en la ecuación del éxito económico...; entonces, comencé a buscar ese eslabón perdido.

Durante mis continuas investigaciones, a pesar de leer muchos libros de diferentes filosofías, *Piense y hágase rico* seguía siendo el más cercano dentro de lo que buscaba y había podido encontrar; sin embargo, mucho de lo que el señor Hill sabía, no había sido incluido en el libro (debido a que no habría sido aceptado por el público en general). ¡Y gran parte del *secreto* que él *había* incluido en el libro, había sido hábilmente eliminado!

Hace unos tres años descubrí un manuscrito sin abreviar de *Piense y hágase rico*. Había sido publicado de nuevo por Melvin Powers's Wilshire Book Company; y cuando lo comparé, palabra por palabra, con la versión que yo llevaba usando por más de cuarenta años, quedé sorprendido al descubrir que el "secreto" había sido editado con destreza para dejarlo fuera del libro.

No era sorprendente que no hubiera sido capaz de descubrir el secreto del señor Hill: ¡no estaba ahí! No usaré mucho espacio para entrar en detalles, excepto para decirles que dentro las muchas y poderosas omisiones, la palabra *vibración* había sido extraída del libro treinta y siete veces. (Recuerden ese punto, pues me referiré a eso posteriormente). Resulta entonces que Napoleón Hill ni siquiera había intentado publicar muchos de los "secretos del éxito" que había descubierto: y que muchas de las "verdades" que *había* intentado publicar en su primera edición, habían sido revisadas y excluidas del libro.

Ahora bien, avancemos en el tiempo setenta años, al momento en que Esther y yo nos encontramos alegremente iluminados respecto a *nuestra* experiencia de publicar una "verdad".

Una productora de televisión nos pidió a Esther y a mí que le permitiéramos diseñar un programa de televisión de nuestra labor. Trajeron su equipo de filmación a bordo de uno de nuestros Cruceros en la Aventura del Bienestar y filmaron la base de su producción alrededor de nuestro taller en el barco. Sin embargo, debido a una serie de eventos fortuitos, la película se convirtió en un formato DVD, antes de que la cadena de televisión australiana lo sacara al aire y, como resultado, el proyecto obtuvo un éxito enorme. Millones de personas alrededor del mundo lo vieron. Y aunque el programa fue titulado *El secreto,* y la intención anunciada era revelarle al mundo el "secreto del éxito" previamente oculto, poco sabían los ardientes espectadores que el verdadero "secreto" que ellos estaban buscando, había sido, de nuevo, suprimido... Es decir, antes de que el programa saliera al aire, nos informaron que *los jefes* habían pedido, entre otras cosas, que el uso de la palabra clave de Abraham: *vibración,* fuera editado y excluido del proyecto.

¡Esther y yo quedamos sorprendidos! Siete décadas más tarde, ¡el público había sido de nuevo "protegido" de la palabra *vibración!* Y resultó entonces que el secreto real tras *El secreto,* era que "el secreto", seguía siendo mantenido en secreto.

Cuando uno está en medio de un evento de este tipo, ¿no lo hace preguntarse cuánta "verdad" *llega* a superar la censura? No obstante, he llegado a creer que la razón por la cual la mayoría de estos conceptos filosóficos innovadores es excluido por los medios de comunicación es, no por tratar de ocultar la "verdad" a las masas, sino más bien, para lograr vender lo que los comerciantes creen que el público compraría. Además, personas bien intencionadas, en su afán de crear ideas innovadoras más aceptables, a menudo adulteran o reformulan nuevas ideas para debilitar o reducir el impacto de su pureza. Abraham nos ha informado que nunca hay una multitud en la Percepción Avanzada del pensamiento. Sin embargo, en esta nueva era de conexión instantánea al Internet, hemos aprendido que en medio de la multitud, siempre existen pensadores en la Percepción Avanzada.

La semana pasada (marzo de 2007), Esther y yo recibimos la fantástica noticia de nuestra editorial, de que nuestro libro, *La Ley de Atracción* (transcrito de nuestras grabaciones en 1985), ha escalado la lista de los libros más vendidos, a la posición número dos del *New York Times.* Además, de los millones de libros que aparecen en **Amazon.com**, nuestro primer libro publicado por Hay House, *Pedid que ya se os ha dado,* ha permanecido entre los primeros cien libros comprados casi a diario desde su publicación hace tres años. Nos informaron la semana pasada, que nuestro libro en formato de CD de audio, *La Ley de Atracción,* está en la posición número tres de todos los libros disponibles en iTunes; y que a partir de este mes, las Enseñanzas de Abraham estarán a la venta en Walmart, Sam's Club, Target y Costco; en otras palabras, ahora están disponibles en más de 10,000 establecimientos comerciales y librerías, y la lista sigue. (Incluso, tuvimos el placer y el honor, de crear tres programas de radio con la brillante, amorosa y divertida presentadora de televisión Oprah Winfrey).

¿Qué estoy tratando de decirles con todo esto? Que esta información está ahora tan disponible y accesible a las audiencias predominantes, que hemos comenzado a escuchar una amplia variedad de respuestas —a través de las criticas literarias—, y también que he comenzado a leer las críticas en el Internet. Y, ¡qué dulce es leer cuánto placer ofrecen estos libros a todos aquellos, que han tenido la oportunidad de aprender de ellos! Pero, *¡ay!* ¡El aguijón de una abeja en un ramo de flores fragantes! Por ejemplo, hay críticos que condenan el mensaje porque creen que Esther se está beneficiando "fingiendo" sus medios de recepción de estas enseñanzas; es decir: "Ella dice que está canalizando" para que los lectores compren sus libros. Y están los críticos que, por el contrario, lo condenan porque aunque sí *creen* que Esther está recibiendo estas enseñanzas directamente de Abraham, los programadores de *sus* conciencias les han dicho que no es correcto escribir un libro de esta manera. ¿Cómo complacerlos a todos?

Y bien, aprendimos hace mucho tiempo que no podíamos complacer a todo el mundo, por eso decidimos publicar, con nuestros propios medios, nuestro material a comienzos de 1985, para que estuviera disponible cualquier información práctica que recibiéramos de Abraham (sin censuras) en toda su pureza, para aquellos que formulan las preguntas que Abraham responde.

Cuando Louise Hay nos solicitó que le pidiéramos a Abraham que escribiera un libro completo y dejáramos que Hay House lo publicara (*Pedid que ya se os ha dado,* 2004), ella declaró a sus ejecutivos: "Le informaremos a todo nuestro equipo, que las palabras de Abraham no deben cambiarse durante el proceso de edición. Vamos a *permitir* que las enseñanzas de Abraham lleguen al mundo entero en toda su pureza".

Esther y yo nos sentimos felices, más allá de las palabras, de que Louise y su editorial estén en el proceso de cumplir con su intención de ofrecer este grandioso material, en su forma pura, para aquellas personas del mundo que lo han pedido; y también apreciamos a todos los que lo han pedido. Nos encanta la idea de publicar otro grandioso libro que seguirá diseminando las Enseñanzas de Abraham, pero nuestra mayor alegría está en la traducción —la creación— de la información.

No existe nada en el mundo que nos haga más felices a Esther o a mí que proveer un foro, en donde personas de diversos ambientes puedan reunirse, ofrecer sus perspectivas únicas y formularle a Abraham sus importantes preguntas. Sentir, en verdad, la evolución y la expansión de este mensaje —mientras está siendo perfeccionado y finamente sintonizado por sus interminables preguntas— es seguramente para lo que nacimos Esther y yo. Y la razón por la cual sabemos que es así, es porque *se siente bien, pero muy bien, hacerlo.*

— **Desde mi corazón, Jerry Hicks**

❦❦❦ ❦❦❦

(**Nota del editor:** Por favor, tenga en cuenta que como no existen siempre las palabras concretas adecuadas en el idioma inglés para expresar a la perfección los pensamientos No Físicos que Esther recibe, ella a veces forma nuevas combinaciones, y también usa palabras estándar de manera distinta [como, por ejemplo, usar mayúsculas donde no van normalmente], con el fin de expresar nuevas maneras de percibir las formas antiguas de observar la vida).

Esther y Abraham están listos para comenzar

Esther: Hola, Abraham. Yo sé que ya lo sabes, pero quería comenzar diciendo que estoy realmente disfrutando esta traducción de tu información en este momento. Escribir estos libros y realizar los seminarios es una experiencia maravillosa para mí. Me encanta sentirte, vertiendo tu información a través de mí.

Tengo la intención de sentarme cada día durante unas horas y permitir que escribas este nuevo libro. Creo que he encontrado el ambiente perfecto para hacerlo. Personalmente, nunca me había sentido tan bien, ni había estado en una etapa tan hermosa de mi vida. En verdad, me siento bien respecto a todo, y atribuyo mi tremenda mejoría a tus recientes enseñanzas respecto al Flujo: a las analogías sobre ir en *contra y a favor de la corriente*.

En todo caso, sólo deseaba conversar un poco contigo antes de comenzar para decirte que te amo, que me encanta trabajar contigo y que deseo hacerlo por siempre.

Cerraré mis ojos y respiraré, y escribiré tus palabras mientras las recibo.

Abraham: Esther, este es un proceso interesante. ¿No te parece? Tenemos todo un libro (en realidad, un número ilimitado de libros) listo para tu recepción. Ya ha sido llevada a cabo la parte de *pedir*, de parte de tu mundo, y de ti y Jerry, y los libros les han sido *dados* y permanecen en un Depósito Vibratorio, listos para ustedes. Entonces, en verdad, ahora depende de ti encontrar el tiempo y la alineación para recibirlos.

Sabemos que siempre te has sentido así porque has tenido, en muchas ocasiones, la experiencia de estar en buena disposición para recibir nuestras palabras, pero, ahora, a la luz de tantas de nuestras conversaciones recientes, estás aún más consciente del valor que representa tu papel. Todo lo que el mundo ha deseado, ya le ha sido dado. Pero, para recibirlo, para verlo, para tenerlo, deben —en todas las condiciones—, convertirse con eso, en un Correspondiente Vibratorio.

Es una mezcla sutil entre liberar tu Percepción de tu mundo físico lo suficiente para alinearte con la vibración que es Abraham, mientras, que al mismo tiempo, mantienes lo suficiente tu conexión con tu mundo físico, para recibirnos y traducir nuestro mensaje en algo significativo y comprensible para tu mundo. Este equilibrio requiere de la estabilidad y claridad notables que has logrado.

Entonces, comencemos a escribir otro maravilloso libro.

ఆఆఆ ౭ళ౭ళ౭ళ

PRIMERA PARTE

El descubrimiento
del asombroso
poder de
las emociones

Capítulo uno

Abraham nos da la bienvenida a todos en el planeta Tierra

Aquí están, viviendo su vida en sus maravillosos cuerpos en este grandioso planeta, y aunque este no es el primer día de su llegada aquí, nos gustaría darles la bienvenida al planeta Tierra.

Puesto que ya llevan aquí un tiempo, podría parecerles extraño que les estemos dando la bienvenida ahora, pero lo hacemos porque deseamos ayudarles a obtener una nueva visión de esta vida, de su existencia y de ¡*ustedes!*

Tenemos una clara visión de ustedes en su experiencia de vida actual, pero también tenemos la habilidad de retroceder y verlos, y ver su vida en un contexto mucho más amplio que el que están viendo en su perspectiva actual. Es nuestro deseo, que nuestra explicación sobre lo que ustedes son, en su visión más amplia, les asista a comprender la perfección en este plan Eterno de vida.

Sabemos que su nacimiento en este cuerpo físico parece como el comienzo de lo que son, pero está lejos de ser su comienzo. Es un poco como entrar en una sala de cine y sentir que su entrada en esa sala es su comienzo.

Podrían argumentar, desde su punto de vista físico, que entrar en una sala de cine es muy distinto a nacer en un cuerpo como un bebé, porque cuando entran en la sala de cine, no olvidan lo que les ha ocurrido antes. Recuerdan quiénes eran y lo que estaban haciendo antes de entrar en la sala. Tienen un agudo sentido de continuidad "antes" de entrar en la sala, relacionado con "estar" en la sala y con lo que "ocurre después" de estar en la sala. En otras palabras, no sienten como si acabaran de comenzar una nueva vida cuando entran en la sala.

Pero estamos intentando expandir un poco su Percepción para que comiencen a comprender que cuando nacieron en su cuerpo, al cual ahora se refieren como "ustedes", tampoco estaban "comenzando" en ese momento. Es nuestro deseo volver a despertar en su interior ese sentido más amplio de continuidad, cuando comiencen a recordar quiénes eran "antes" de llegar a este cuerpo, e incluso más: es nuestro deseo que se permitan *convertirse* en esa Perspectiva Más Amplia, enfocados aquí y ahora, pero recordando *quiénes son en verdad* y por qué han venido en este cuerpo.

También podrían decir: "Pero al contrario del día en que nací, cuando entré en la sala de cine, yo era un ser maduro, capaz de hablar y de alimentarme por mí mismo". Y aunque, ciertamente, comprendemos por qué su pequeño tamaño y su inmadurez física parecen como si en ese entonces apenas estuvieran comenzando, ése no es el caso. *Su cuerpo nuevo, y su nuevo entorno, ofrecen una nueva oportunidad para que un Ser muy sabio y viejo, continúe expandiéndose en nuevas formas.*

Cuando su Perspectiva Más Amplia de *quiénes son en realidad* se despierte en su interior, su aprecio por esta experiencia de vida mejorará tremendamente. Cuando observan la vida en el planeta Tierra desde este contexto mayor, sus miedos se reducen y su entusiasmo natural por la vida estallará en su interior.

El valor de su fe

Aquí estamos, entonces, observándolos; y observando sus vidas en sus contextos más amplios, intentando explicarles desde el punto donde se encuentran ahora mismo. Pero no pueden "verse" desde nuestra perspectiva... y, por supuesto, si pudieran verse desde nuestra perspectiva, nuestra explicación terminaría siendo innecesaria.

En esta sección del libro, vamos a expresarles nuestra perspectiva de ustedes, y de nosotros, y de cómo nos relacionamos mutuamente. No podemos imponerles nuestra visión. Sin embargo, cuando lean estas palabras, y las consideren plenamente en una actitud de fe, o de deseo de entender, juntos construiremos suficientes puentes a medida que avancen a través de las páginas de este libro, para que cuando terminen de leerlo, sean capaces de comprender y mantener nuestra visión, no porque nuestras palabras hayan sido tan poderosas que los hayan transformando, sino porque la combinación de la lógica de nuestras palabras, y la manifestación de sus propias vidas, hayan trasformado su *fe* o su *esperanza* en *conocimiento*.

Y, qué maravilloso estado del Ser...: *conocer,* con absoluta certeza, la existencia de su Ser y la razón de su existencia, y comprender a plenitud *todo lo que son.* Y luego, pueden proseguir con lo que vinieron a hacer: *¡vivir alegremente su vida en eterna expansión!*

La emoción que les produjo venir a este glorioso planeta

Aunque, ciertamente, la idea de venir a este nuevo cuerpo físico en el planeta no era algo nuevo para ustedes; era una idea absolutamente emocionante, pues, desde su perspectiva No Física, antes de su nacimiento físico, comprendían todas las implicaciones de este nuevo nacimiento. Comprendían el ambiente perfecto y estable en el cual nacerían, y sentían un entusiasmo enorme respecto a su diversidad.

Lo que más les atraía era la libertad y la naturaleza ilimitada de este ambiente. La diversidad de la belleza de la naturaleza física de su planeta los emocionaba al anticipar su llegaba, pero también los emocionaba la belleza de la diversidad de la gente, y de las ideas que los estaban esperando. En ningún momento, durante su preparación para la nueva entrada en este mundo físico, se preocuparon por la perspectiva de los habitantes de su planeta. Ni una sola vez sintieron la necesidad de venir para reformarlos, ni para demostrarles sus errores, ni corregir su curso.

Vieron este planeta como diverso, siempre cambiante y perfecto; y vinieron llenos de un entusiasmo que desafía la descripción verbal. Y debido al lugar estratégico y seguro de donde provenían, no se sentían cautelosos ni preocupados por su entrada o por lo que los rodearía una vez que llegaran. Más bien, sabían que poseían en su interior los recursos, no solamente para lidiar con su nuevo entorno, sino también para extraer la expansión gozosa de lo que son por toda la eternidad. Aquí están, entonces, y aun cuando no acaban de llegar, todo lo que acaban de leer sigue siendo cierto.

Es nuestro deseo restaurar su comprensión de cómo eran las cosas antes de que llegaran a este cuerpo, para que puedan *ahora* experimentar esta magnífica experiencia de vida en este cuerpo maravilloso, en este planeta glorioso, tal como era su propósito.

Así es que, queridos amigos, bienvenidos al planeta Tierra.

Capítulo dos

Recordar la visión global

A unque anhelamos llegar al corazón de este libro, que es una explicación completa del poder y del valor de sus emociones y de cómo comprenderlas, y utilizar de forma efectiva la guía que ellas ofrecen, es necesario que primero les ofrezcamos una visión más global de su naturaleza Eterna.

A pesar de que esta descripción de ustedes puede parecerles extraña al leerla por primera vez, cuando la asimilen y la consideren a plenitud, comenzarán a sentir que reconocen esta visión, pues en los niveles más profundos y amplios de su Ser, ya saben todo esto. Por esa razón, estas palabras les ayudarán a recordar: *Según sus estándares físicos, en donde definen sus experiencias en términos físicos con lugares físicos y demás, es muy probable que definan el dominio No Físico como un No-Lugar. Pero aunque lo No Físico difiere de lo físico de muchas maneras, y aunque no pueden percibirlo con precisión desde su perspectiva física, éste existe, es real, es vasto; y es un lugar (o, más bien, un No-Lugar) de Energía Pura y Positiva.*

Antes de su surgimiento en este cuerpo físico, ustedes tenían plena conciencia y conocimiento del dominio No Físico. Es decir, comprendían que eran *ustedes*, de la misma forma en que ahora se identifican como *ustedes*. Y de la misma forma en que ahora se encuentran en su cuerpo físico, observando su mundo, traduciendo lo que ven a través de los lentes de su propia perspectiva personal, desde su posición estratégica No Física, también traducen todo lo que presencian desde su perspectiva propia y poderosa. El Ser No Físico que son tiene una identidad eternamente en expansión a través de la cual perciben la vida; y desde esa posición estratégica, ustedes *observan, piensan, imaginan, contemplan, saben y sienten.*

Así es que desde esa perspectiva No Física más amplia, emergieron en este cuerpo físico. *Llegaron como una extensión del Ser Puro y de Energía Positiva que son en lo No Físico. Y al nacer e investir el cuerpo y la personalidad, que ustedes y los demás identifican como ustedes, ese Ser consciente que existía en el dominio No Físico, sigue existiendo allá. De la misma forma que un ser pensante tiene un pensamiento, pero aun así existe separado del pensamiento que tiene, el Ser No Físico que son Ustedes pensó en ustedes, pero sigue existiendo separado del ustedes que fue pensado. En otras palabras, cuando le dan nacimiento a una idea, siguen existiendo para dar nacimiento a otra idea.*

Y entonces, desde su posición estratégica No Física, le dieron nacimiento al ustedes físico. Y cuando la proyección vibratoria del pensamiento, que es una extensión del No Físico en el plano físico, convergió con el cuerpo físico, que fue concebido y creció en el vientre de su madre, nacieron. Lo que fue entonces una *idea*, considerada e imaginada, ahora se ha convertido en una realidad física. La *idea* de ustedes, ahora se ha convertido en una realidad física; y el Ustedes No Físico, que le dio nacimiento a la idea, permanece enfocado en el plano No Físico, y debido a su nacimiento físico, ahora se ha expandido aún más.

En este momento, no sólo el Ser No Físico se ha expandido, sino que, además, tienen dos puntos de vista poderosos: el físico y el No Físico. Y no hay nada que sea más importante para estas dos perspectivas maravillosas que su relación mutua. Todo lo que están viviendo es cuestión de sus puntos de vista físico y No Físico, y de cómo se relacionan.

La razón por la cual estamos escribiendo este libro, es para ayudarlos a comprender que a través del descubrimiento del asombroso poder de sus emociones, entonces, y sólo entonces, pueden comprender con claridad su relación con su Ser No Físico.

Su relación con su <u>Ser Interior</u>

Ahora bien, al definir y describir estos dos aspectos importantes de su ser, en vez de referirnos a ellos como *ustedes* y *Ustedes*, es más claro referimos a su ser físico como *ustedes*, y al aspecto No Físico de ustedes, como su *Ser Interior*. Pueden llamar a su *Ser Interior*: *Fuente, Alma* o *Dios*, pero nos gusta el nombre *Ser Interior*, pues es la raíz de lo que son, y pueden sentirlo en su interior.

Desde su perspectiva No Física, su *Ser Interior* proyectó su Conciencia en su ser físico. Y ustedes nacieron. Y ahora están aquí, viviendo, respirando, pensando y siendo; y, al mismo tiempo, su *Ser Interior* está viviendo, pensando y siendo.

Nos gusta referimos a esta época y lugar en que están enfocados ahora como: la Percepción Avanzada del pensamiento; y cuando piensan en su *Ser Interior* No Físico y más amplio, extendiéndose a sí mismo en esta experiencia de vida, es más fácil comprender que este dominio físico en el que están enfocados, es la extensión suprema de lo que llamamos Fuente.

Los humanos tienen una variedad de creencias respecto a su origen prefísico, pero una característica en común de todas esas creencias se opone exactamente a la realidad; y es la creencia incorrecta de que Dios es No Físico y, por lo tanto, perfecto; y, por consiguiente, completo en esa perfección, y que un ser humano ha sido dotado de vida con el fin de lograr esa perfección, es decir, llegar a ser como Dios.

Lo que deseamos que recuerden, es que ustedes, en su cuerpo físico, son una extensión de lo que los seres humanos llaman *Dios*. Y puesto que ustedes son la extensión suprema de Dios (o *Fuente*), entonces Dios también está experimentando la expansión de ustedes, debido, a través de y con ustedes.

Cuando usamos la palabra *Dios* para expresar esta Energía de la Fuente No Física, descubrimos que debido a que las personas recuerdan las ideas preconcebidas respecto a esta palabra, a menudo impide que sean capaces de encontrar la claridad más profunda que deseamos ofrecerles, y es por esa razón, que raramente describimos esa Energía de la Fuente No Física con la palabra *Dios*. La palabra *Dios* solo activa en la mayor parte de ustedes lo que ya piensan respecto al tema, por eso, en vez de llamarlo *Dios*, usaremos la palabra *Fuente*...; y esta *Fuente No Física* experimenta constante expansión a través de ustedes, incluso si son inconscientes de su existencia o de su conexión con ella.

જ્ઞ જ્ઞ જ્ઞ ૐ ૐ ૐ

Capítulo tres

El Universo continúa expandiéndose a través de ustedes

Entonces, ustedes eran Energía de la Fuente No Física (y lo siguen siendo), y desde esa posición estratégica No Física, proyectaron una parte de su Conciencia aquí en este cuerpo físico. Y aquí están, explorando los maravillosos detalles y contrastes de esta realidad de tiempo y espacio de la Percepción Avanzada.

Ahora bien, aquí en su cuerpo físico, están rodeados de detalles específicos maravillosos, de contrastes en las experiencias de vida, que son capaces de descifrar a través de sus sentidos físicos. Y al vivir su vida, día a día y segmento a segmento, su interpretación personal de la vida causa mayor expansión al Universo.

Cuando observan su mundo, están viéndolo a través de *sus* ojos; escuchándolo a través de *sus* oídos; y oliéndolo, probándolo y tocándolo a través de *sus* sentidos de interpretación. En otras palabras, no pueden evitar ver su mundo a través de su perspectiva del ser personal e importante. Y en ese proceso natural de percibir la vida desde su perspectiva del ser, no pueden evitar dar nacimiento a nuevas preferencias y deseos de las cosas que, desde su perspectiva, serían aún mejores. En otras palabras, al vivir la vida desde su punto de vista egoísta, están descubriendo mejoras.

A muchos de nuestros amigos físicos no les gusta la idea de ser egoístas, pero es debido a que no comprenden un principio fundamental de la vida: *Ustedes no pueden ser otra cosa más que egoístas, pues no pueden observar, percibir, ni ser distintos a su perspectiva del ser. Todos los puntos de la Conciencia, incluso los organismos unicelulares, perciben. Y lo hacen desde la perspectiva egoísta, siempre cambiante, que tienen en la actualidad.*

Incluso sin palabras, siguen creando

Cuando viven su vida, tienen experiencias personales y observan experiencias que otros están viviendo, a menudo ven cosas que claramente *no* desean. Y cada vez que ocurre, surge en su interior una clarificación de lo que *sí* desean. Con cierta frecuencia, la experiencia es tan dramática, que expresan con claridad: "¡No deseo eso! Y ahora entiendo que lo que quiero a cambio es..."

Siempre saben con mayor claridad lo que desean, cuando se enfrentan con lo que no desean. Pero, estén conscientes o no de esto, todo el día, todos los días, están dando vida a nuevos deseos que están naciendo, producto de los detalles de la vida que están viviendo en la Percepción Avanzada del pensamiento.

La mayoría de los humanos no está consciente de este proceso de expansión. Aun cuando leen estas palabras explicativas, la mayoría no encuentra ningún significado particular en su propia experiencia de vida. Pero, desde su perspectiva No Física, antes de que nacieran en este cuerpo, les parecía algo evidente. De hecho, no existía una idea más emocionante para ustedes, porque entonces entendían que la expansión total del Universo ocurría de esta forma. Sabían que su experiencia en la Percepción Avanzada en el planeta Tierra, inspiraría literalmente expansión en su interior; y que el delicioso contraste de esta realidad de tiempo y espacio era la materia que hace que la Eternidad sea Eterna. Pero, obviamente, desde esa perspectiva No Física, eran capaces de ver la visión global de la creación y la expansión, y eso es lo que les estamos recordando de nuevo ahora.

Su *Ser Interior* fluye con los nuevos deseos

Estén conscientes o no de sus nuevos deseos expandidos, el deseo surge del contraste que están viviendo..., pues durante ese proceso de saber lo que no desean, nace la idea expandida de lo que prefieren, y su *Ser Interior* (o la *Fuente* en su interior) ¡gira su plena atención hacia la idea expandida!

Ahora bien, ésta es la parte más importante de esta historia de la creación, de su ser humano físico, y de la parte creativa de la Percepción Avanzada: *en el momento en que nace una versión nueva y mejorada de la vida que están viviendo, tienen la opción de alinearse con la nueva idea o de resistirla.* Y la elección que realicen en ese momento es realmente de lo que trata este libro, pero, todavía más importante, se trata de que su vida esté llena de alegría (o de sufrimiento), pues ese es el punto en el que se permiten gozosamente (o no) ser *Ustedes*.

Desde su perspectiva No Física (o perspectiva de la *Fuente*), antes de su nacimiento en este cuerpo físico, comprendían con fervor que:

- Se enfocarían en un cuerpo físico.

- Vivirían en medio de una amplia variedad de contraste.

- El contraste que vivirían, estimularía en su interior, nuevas ideas de mejoras y expansión.

- La parte de ustedes más amplia y No Física (su *Ser Interior*), adoptaría por completo las nuevas ideas y se convertiría literalmente en su equivalente vibratorio.

Los pensamientos siempre preceden la manifestación

En la creación de todo lo que existe, el pensamiento siempre ocurre primero. Todo lo que ven a su alrededor fue primero un pensamiento o una idea, un concepto vibratorio que maduró en lo que llaman realidad física.

Cuando se encuentran en la parte expandida más remota de cualquier creación, no es posible ver hacia atrás lo suficiente para comprender sus comienzos; pero todo aquello que existe en lo que ahora ven como realidad o forma manifestada, fue en un momento una idea que alguien pensó durante el tiempo suficiente, que por la *Ley de Atracción*, alcanzó la madurez que ahora ustedes contemplan. Nada existe que no sea parte de este proceso de creación.

Su planeta fue concebido desde el dominio No Físico mucho antes de que los seres humanos lo poblaran, y cuando ese enfoque No Físico, desde lo que los seres humanos llaman *Fuente*, moldeó la idea de él, se creó su maravillosa realidad de tiempo y espacio en la Percepción Avanzada... *Primero, existe el pensamiento, y cuando se presentan más pensamientos relacionados con el tema, el pensamiento comienza a tomar forma hasta que ocurre la manifestación de lo que los humanos llaman: "realidad". Entonces, no muy distinto a la creación del planeta mismo, mientras están aquí en sus cuerpos físicos, —como extensiones manifestadas de lo que llaman Fuente— continúan con la creación de su planeta, y de la vida en él, a través de sus pensamientos.*

Cuando saben lo que *no* desean, saben con mayor claridad lo que *desean*, y nace una idea mejorada del contraste que están viviendo. Mientras ponderan los detalles de su experiencia de vida, día a día y momento a momento, irradian una descarga constante de ofertas vibratorias (las llamamos: *proyectiles de deseos*). *Con cada proyectil vibratorio de deseos, la Fuente en su interior —la Fuente de la cual ustedes proceden, la Fuente que sigue enfocada en la perspectiva No Física— se enfoca intencionalmente en su recién expandida versión de vida, y se convierte en ella. Y mientras este proceso inacabable continúa al ustedes vivir su vida, y llegar a nuevas y mejoradas conclusiones sobre lo que desean (a niveles hablados y tácitos), se expande esa parte más amplia y No Física de ustedes.*

Sus esperanzas, sueños, intenciones e ideas de mejorar son guardados para ustedes en una especie de *Depósito Vibratorio;* y esa cuenta de depósito, por decirlo así, es resguardada, atendida y cuidada, esperando que hagan sus retiros. No solamente está resguardada, sino que la parte más grande de ustedes ya se ha convertido en ella, y está constante y eternamente llamando hacia ella a la parte física de ustedes. Entonces, ahora lo que está ocurriendo en verdad es que la parte física de ustedes está siendo llamada hacia su Ser No Físico, para completar la idea que ustedes originaron; y en su forma más pura y sin resistencia, éste llamado se siente como pasión o entusiasmo.

Por lo tanto, la pregunta más importante es: *¿<u>Se</u> están permitiendo unir con su versión recién expandida y recién creada de <u>Ustedes</u>?* Y la respuesta a esa pregunta tan importante yace en lo que *sienten*. Cuan mejor se sienten, más están permitiendo esa Conexión; y cuan peor se sienten, más están imposibilitando o resistiendo esa Conexión.

Cuando sienten amor o alegría —o cualquier emoción positiva— están literalmente <u>siendo</u> la versión expandida que la vida ha causado que sean. Cuando sienten miedo, ira o desesperación —o cualquier emoción negativa— no están, en este momento, en virtud de lo que sea a lo que le estén prestando su atención, permitiéndose ser esa nueva versión expandida... no están permitiendo actualizarse con lo que se han convertido.

ᴥᠪ ᴥᠪ ᴥᠪ ᠃ᴥ ᠃ᴥ ᠃ᴥ

Capítulo cuatro

Ustedes son seres vibratorios

Ustedes perciben su ambiente físico actual a través del uso de sus sentidos físicos. Esta interpretación de su ambiente ocurre de forma tan natural —sin que requiera la atención o el enfoque deliberados—, que la mayoría de nuestros amigos físicos no comprende de forma consciente, que están interpretando la vibración en lo que ven, oyen, huelen, prueban o tocan.

Cuando ven televisión, comprenden que las personas y los lugares no son versiones en miniatura de la vida, representados en la pequeña caja o la pantalla delgada que están observando. Comprenden que el equipo está recibiendo, de alguna manera, señales y las está convirtiendo en imágenes comprensibles y presentándolas en la pantalla para que disfruten al verlas. Y aunque las analogías nunca son perfectas, la idea que deseamos que consideren es que de una manera similar, *ustedes son el receptor de señales vibratorias que están transformando, a través de sus sentidos físicos, a la realidad que están viviendo. Y al relacionarse con tantos otros Seres Vibratorios, crean todos juntos una realidad extraordinaria.*

Ustedes no requieren entrenamiento de parte de otros amigos físicos sabios para usar sus ojos para ver. Oír, oler, probar y el sentido del tacto a través de su piel, también fueron procesos naturales que no requerían de discusiones sobre *cómo* hacerlo. En otras palabras, nacieron en un cuerpo físico que contenía en el interior de sus células el conocimiento para traducir la vibración en una experiencia de vida significativa.

Su sexto sentido

Más allá de los cinco sentidos físicos, de los cuales están activamente conscientes, hay otro sentido menos conocido: el sentido de la emoción.

Al igual que con sus otros cinco sentidos, este sexto sentido, activo en su interior desde el día en que nacieron, no requiere de entrenamiento para que comprendan su existencia. De la misma manera que nadie les enseñó a ver, escuchar, oler, probar o tocar, no necesitan entrenamiento para reconocer que están *sintiendo* emociones. De hecho, la percepción de sus emociones está evidenciada por las conversaciones que tienen cuando definen sus experiencias de vida y sus percepciones. A menudo, explican cómo se "sienten" respecto a esto o a lo otro: "me siento dolido"; "me siento feliz"; "me siento mal"; "me siento solo" o "me siento culpable".

Las emociones representan un papel muy importante en sus experiencias de vida y en las de todos los seres que conocen, pero pocos poseen una verdadera conciencia del asombroso poder y el valor de sus emociones. Es nuestra intención ayudarlos, por medio de estas palabras, para que lleguen a comprender, de una forma más plena, sus emociones; cuál es la razón de su existencia, qué significado tienen, y lo que es más importante: cómo utilizar su Percepción de una forma significativa. Nuestro propósito es: explicarles que sus emociones son literalmente su indicador de cómo están fundiendo su *ustedes* con su *Ustedes*.

De regreso a la visión general

Ustedes estaban enfocados en lo No Físico; y lo siguen estando. Proyectaron una parte de la Conciencia No Física en su cuerpo físico actual, y nacieron en este cuerpo. Usando sus sentidos físicos, perciben su entorno y le dan vida a nuevos y continuos proyectiles de deseos. Su parte No Física, que permanece enfocada en el plano No Físico, observa su nuevo deseo, le presta plena atención y, literalmente, se convierte en ese deseo; y ahora, representa el equivalente vibratorio de esta versión de ustedes nueva y expandida.

Todos los días, día a día, su experiencia física de vida causa que se expandan. Con cada encuentro con otras personas, con las cosas que leen, con las cosas que ven, con las experiencias que tienen, le dan nacimiento continuamente a nuevos proyectiles de deseos. Cuando alguien actúa de forma cruel hacia ustedes, desean que los demás sean más amables. Cuando son incomprendidos, desean ser comprendidos. Cuando no tienen suficiente dinero, bienestar o amistades, desean más de esas cosas. *La vida hace que se conviertan constantemente en más.* En otras palabras, una versión nueva y mejorada de ustedes (según sus estándares y percepciones) está en un estado constante de transformación, pues la parte No Física de ustedes está convirtiéndose constantemente en lo que sea que están pidiendo.

Capítulo cinco

Sus emociones son indicadores absolutos

Cuando la percepción de su experiencia de vida actual hace que comprendan que no tienen suficiente de algo —dinero, tiempo, claridad o energía— su deseo evoluciona. Tan pronto saben lo que les hace falta, saben con mayor claridad lo que desean. Es decir, en medio de la enfermedad, siempre se amplifica la claridad de su deseo de bienestar. Mientras sus deseos evolucionan durante el día, todos los días, también evoluciona esa parte No Física de ustedes, porque esa parte también fluye con las nuevas ideas y deseos en el momento en que le dan nacimiento a cada uno de ellos.

Si estuvieran tan seguros de *quiénes son,* según lo manifiesta su parte interna, podrían girar su atención plena hacia las nuevas ideas; y si lo hicieran, sentirían pasión por la vida, claridad mental, y una vitalidad física que sería indescriptiblemente maravillosa. En otras palabras, si fueran capaces de mantenerse a la par con Ustedes, la euforia de esa Conexión sería deliciosa. Por el contrario, cuando no se permiten estar a la par con lo que se han convertido, sienten la incomodidad de esa resistencia.

Las emociones que sienten, en cualquier momento de la vida, son indicadores de la relación vibratoria entre ustedes y Ustedes; sus emociones les están expresando si su pensamiento activo actual, y la oferta vibratoria consecuente, corresponden o no con la vibración de su ser evolucionado en la *Fuente*. Cuando la señal corresponde —o está próxima a hacerlo— se sienten de maravilla. Cuando las señales no corresponden, no se sienten tan bien. De esa manera, una percepción de sus emociones, y de lo que éstas significan, es esencial para su evolución consciente. En palabras simples y llanas: *deben encontrar la forma de permitir mantenerse a la par con lo que la vida los está convirtiendo, si desean llevar la vida gozosa que vinieron a vivir.*

Su expansión es constante

Si la observación de su experiencia de vida hace que comprendan que no tienen suficiente dinero para realizar algunas de las cosas que desean hacer, se amplifica su deseo de más dinero, y su Depósito Vibratorio se expande ahora para incluir ese deseo. Todo lo que ocurre a lo largo de sus días, que ocasiona que se den cuenta qué desean, o necesitan más dinero, origina ajustes adicionales en su deseo de abundancia financiera.

Si la observación de sus experiencias de vida ocasiona que se den cuenta que su cuerpo no luce o no se siente como desean, se amplifica su deseo de esa mejoría en su cuerpo, y su Depósito Vibratorio se expande ahora para incluir también ese deseo.

Si su interacción con otras personas en su lugar de trabajo hace que se den cuenta que no son apreciados, se amplifica su deseo de aprecio. Cuando están aburridos con lo que hacen, se amplifica su deseo de trabajos más estimulantes. Cuando alguien en su trabajo recibe un ascenso y un incremento en su salario, se amplifica su deseo de mayor reconocimiento o aprecio. *Cuando no tienen una relación significativa, se amplifica su deseo de tenerla. Cuando su relación actual se siente como una lucha constante, se amplifica su deseo de una relación más compatible.*

En cada momento de vigilia de su vida, están utilizando los datos que componen los detalles de sus vidas con el fin de expandirse; y esa expansión es constante. Y con cada detalle que cavilan, emiten solicitudes vibratorias de mejoría, entonces, la parte más amplia de ustedes (su *Ser Interior* o *Fuente*) se convierte en la versión expandida que su vida ha pedido.

Todo es cuestión de alinear sus pensamientos

Ahora ya han leído varias veces en las páginas iniciales de este libro nuestras palabras respecto a que *deben permitir mantenerse a la par con aquello en lo que se están convirtiendo, si desean vivir la vida gozosa que han venido a vivir.* Esta importante premisa no es solamente el fundamento de este valioso libro, sino también el fundamento de su experiencia de vida gozosa.

No vemos que muchos de ustedes estén en desacuerdo con la idea de que cuando no tienen suficiente de algo, su deseo de *tenerlo* se amplifica. Nadie cuestiona que una vez que han identificado que realmente *desean* algo, se sentirían mejor al *tenerlo*. Pero existe una distinción muy importante que deseamos que comprendan para ayudarles a moldear su vida hacia aquello que les agrada: *Se trata de un proceso mental, y no de un proceso de acción. Se trata de alinear sus pensamientos; no de tomar acción con el fin de lograr resultados.*

Cuando sus vidas causan que se den cuenta que desean más dinero, no les estamos sugiriendo que busquen otro empleo para complementar sus ingresos ni que cambien sus actividades con el fin de obtener más dinero.

Cuando sus vidas causan que se den cuenta que tienen 25 kilos de más del peso que desean, no les estamos sugiriendo que comiencen una dieta estricta, ni que comiencen a hacer ejercicios para reducir su peso.

Cuando no se sienten apreciados en el trabajo, no les estamos sugiriendo que enfrenten a alguien, que exijan más aprecio, ni que renuncien a su empleo y traten de encontrar otro en donde les ofrezcan aprecio con mayor facilidad.

Permitir convertirse en lo que la vida ha causado que deseen, no es cuestión de acción. Es cuestión de alinear las Energías de los pensamientos. Es cuestión de enfocar su atención en la dirección de su deseo, en vez de observar en retrospectiva las condiciones actuales que han dado nacimiento a su deseo. Y aunque es muy probable que se sientan inspirados a tomar algún tipo de acción, lo que realmente buscan es lograr la alineación de la Energía de los pensamientos (alineación vibratoria).

Cuando logran la alineación vibratoria, cualquier acción producto de la inspiración se siente como algo maravilloso.

Sin la alineación vibratoria, cualquier acción que lleven a cabo se siente difícil.

Con la alineación vibratoria, todos y cada uno de sus esfuerzos rendirán recompensas o resultados maravillosos a su debido tiempo.

Sin la alineación vibratoria, el resultado de sus esfuerzos será decepcionante, produciendo desaliento al concluir: "Esto, sencillamente, no está funcionando para mí".

Capítulo seis

La alineación vibratoria
se siente como un alivio

*C*uando *hablamos de alineación vibratoria, nos referimos a alinear las vibraciones solamente en el interior de su Ser.* No tiene nada que ver con lo que cualquier otra persona esté haciendo. A veces, esto hace surgir una pregunta en los que nos escuchan decir esto, porque a muchas personas les parece que los únicos problemas que tienen son debidos a sus relaciones con otras personas: "Entonces, ¿no es necesario hacer algo respecto a *esos* individuos?".

Es verdad, ustedes están relacionándose con otros, y con frecuencia, esa relación es la fuente de su incomodidad o problema, pero pedirles a *ellos* que cambien no es la respuesta. De todas maneras, la mayoría no está dispuesta a cambiar por usted, y aun si *estuvieran* dispuestos, no pueden ser siempre lo que ustedes necesitan para sentirse bien. La respuesta a su bienestar está únicamente en la alineación con la Energía en su interior. Como hemos mencionado, es cuestión de permitir mantenerse a la par con la parte mayor de ustedes en la que se han convertido.

Por ejemplo, digamos que han tenido un día perfecto: han descansado lo suficiente, se han alimentado bien y están felizmente involucrados en un proyecto que les gusta, y entonces aparece un ser querido con un problema. No solamente hay un problema, sino que esa persona piensa que ustedes deben tomar algún tipo de acción para resolverlo. Podría tratarse de su pareja, uno de sus hijos, un empleado, un cliente, un amigo, o quizás alguien que ustedes ni siquiera conocen. En este ejemplo, digamos que uno de sus empleados, por quien ustedes sienten cariño y aprecio, está teniendo un problema de relaciones personales con otros empleados, a quienes ustedes también aprecian mucho.

Cuando escuchan a esta persona presentar su perspectiva respecto a la situación, comienzan a sentir que merman su felicidad, su vitalidad y su claridad, y ahora se sienten tristes, cansados y confundidos. Escuchan con cortesía, y su mente se apresura a buscar soluciones... Se descubren solidarizándose con lo que esta persona les está diciendo, mientras la escuchan describir la situación. Y comienzan a sentirse abrumados al comprender que en realidad no tienen suficientes conocimientos, o tiempo para reunir suficiente información, como para tomar una decisión racional respecto a la solución de este problema. Desean reunir información, quizá hablar con las demás personas involucradas, con el fin de obtener una visión más clara de la situación, pero cuando toman la medida de participar en más discusiones, y comienzan a hacer sugerencias de cambios en la política o en las actividades, se sienten todavía peor.

Cuanto más escuchan y discuten —y cuanto más hablan con otras personas respecto al tema— más impotentes se sienten al comprender que no pueden comenzar a desenredar esta situación y llegar al meollo del asunto. Y aunque tienen el poder de tomar decisiones concluyentes (de hecho, si se tratara de sus empleados, podría despedirlos a todos y comenzar con un grupo nuevo, original y dispuesto), también sienten la inutilidad de esa acción.

Generalmente, lo que no perciben en ese momento, es que está ocurriendo una maravillosa oportunidad de expansión, porque en medio de este desagradable caos, están dando nacimiento a proyectiles de deseos expandidos. Con cada parte de esta situación, en donde saben lo que no desean, se lanza un proyectil de deseos contrarios; y su parte No Física más amplia se ha convertido en un *Correspondiente Vibratorio* de ese deseo expandido. Y la incomodidad que están sintiendo ahora mismo —que parece como una respuesta a la queja de su empleado— es en verdad la discordia entre sus pensamientos actuales respecto a lo que está mal, y el deseo expandido que su *Ser Interior* recién acaba de adoptar.

Las vibraciones en su interior se encuentran ahora fuera de alineación, y cuando se encuentran fuera de alineación vibratoria, no existe *acción* alguna que resuelva el problema. No encontrarán acciones ni palabras efectivas, ni siquiera pensamientos o ideas desde su lugar fuera de alineación. De hecho, todo aquello que intenten, desde su lugar fuera de alineación, sólo servirá para empeorar las cosas.

Si estuviéramos en sus zapatos físicos, todos nuestros esfuerzos estarían encaminados hacia un resultado: buscaríamos una forma, cualquier forma, de sentirnos mejor. Haríamos lo máximo, desde el lugar en donde nos encontráramos, para hallar la forma de sentir un alivio emocional respecto al tema sin resolver, porque cuando encuentran alivio, van camino a alinearse con la Energía.

Colocar su canoa en el Flujo

Imagínense colocando su canoa, con los remos en su interior, en un río, y flotando en la corriente, y luego dándole la vuelta deliberadamente a su canoa contra la corriente y remando con todas sus fuerzas *contra* el flujo. Y cuando los vemos en su bote, remando intensamente en contra de la corriente, les preguntamos:

–¿Qué les parece si voltean su canoa *a favor de la corriente* y avanzan *con* ella?

Y muchos responden–: ¿Voltear a favor de la corriente? ¡Oh, eso parece como un acto de pereza!

–Pero, ¿cuánto tiempo van a poder permanecer así? –preguntamos.

–No estoy seguro –responde la mayoría–, pero es mi deber y mi responsabilidad resolverlo.

Y, entonces, si nos quedáramos más tiempo, la mayoría de las personas pasaría a explicar:

–Esto es lo que todos hacemos aquí.

–Fue lo que hizo mi madre, y su madre antes que ella.

–Cualquiera que piense en grande, trabaja con diligencia en *contra* de la corriente.

–Todos los trofeos y los monumentos se han erigido en honor de aquellos que han trabajado con ardor y se han mantenido fuertemente en *contra* de la corriente.

–Y, de todas maneras –nos recuerda la gente a menudo–, hay muchas más recompensas para aquellos que trabajamos duro después de la muerte.

Observamos cómo se vuelven más eficientes luchando contra la corriente. Sus músculos se fortalecen, sus botes se vuelven cada vez más estilizados, y descubren remos más efectivos. Y, siempre, los escuchamos con paciencia mientras nos dicen una variedad de versiones de este mismo tema general, de la justificación de remar *contra la corriente;* pero, entonces, siempre les explicamos que consideren la cosa más importante que pueden escuchar de nuestra parte: *¡Nada de lo que ustedes desean va <u>contra la corriente!</u>*

La razón por la que estamos tan seguros de que nada de lo que desean va *contra la corriente* es que comprendemos el Flujo. Hemos visto su origen, y lo observamos cuando se incrementa de tamaño y velocidad. Sabemos lo que es la Corriente y por qué fluye como lo hace, y comprendemos adónde los lleva este Flujo si se lo permiten.

Éste es el Flujo de la Vida; y estaba en movimiento antes de que ustedes surgieran en sus cuerpos físicos. Y, desde su perspectiva No Física, cuando establecieron sus intenciones de venir a este planeta en este cuerpo, se añadieron a la Corriente de este Flujo acelerado. Ahora, enfocados en este cuerpo físico, se siguen añadiendo a la Corriente del Flujo filtrando los datos de su vida y llegando a conclusiones personales respecto a lo que *no* desean, lo cual produce la solicitud natural de lo que *desean.* Pues, con cada solicitud, ya sea de gran o pequeña importancia, incrementan la velocidad de la Corriente del Flujo.

Cada vez que sus vidas causan que pidan algo más allá de lo que están viviendo, su parte No Física abraza ese proyectil de deseos y se convierte literalmente en el cumplimiento vibratorio de su solicitud... Cada pregunta que han formulado ocasiona la concepción de una respuesta; y su *Ser Interior* se enfoca en esa respuesta. Cada problema que enfrentan, ocasiona la concepción de una solución; y su *Ser Interior,* no solamente se enfoca en esa solución, sino que se convierte exactamente en ella, en vibración.

Si se lo permiten, este Flujo, esta Corriente acelerada, los llevará <u>a favor de la corriente</u> hacia la realización de todo lo que sus vidas han causado que creen, pues todo está allí, en una especie de Depósito Vibratorio, esperando que fluyan hacia él.

Su <u>Ser Interior</u> ya se ha convertido en eso

Cuando sus vidas ocasionan que pidan algo más allá de donde están, esa parte de ustedes *No Física, más amplia,* su *Fuente Energía,* su *Ser Interior,* se convierte en el *equivalente vibratorio* de lo que están pidiendo. Hemos hablado de esto antes cuando explicamos que ustedes están evolucionando constantemente, y que con cada cosa que la vida les ocasione pedir, su *Ser Interior* se convierte en ese ser expandido.

La *Ley de Atracción* es la *Ley* más poderosa del Universo: es la directora vibratoria de todo lo que existe. Todo lo que existe, visible o invisible, tangible o invisible, electrónico o material, físico o No Físico, no sólo es afectado, sino también administrado por esta poderosa *Ley Universal.* En palabras sencillas, esta *Ley* dice: *atraigo la esencia de aquello que es similar.* Ya sea que estén contemplando las leyes físicas bien documentadas de la electrónica, o notando que sus propios pensamientos habituales les están produciendo las circunstancias y experiencias que corresponden perfectamente con sus estados de ánimo y actitudes respecto a todas las cosas, muchos están reconociendo conscientemente las bases de esta poderosa *Ley* en sus propias experiencias.

La poderosa *Ley de Atracción* está respondiendo a la vibración de lo que se ha convertido la parte mayor de ustedes; y cuando la *Ley de Atracción* responde a la vibración de su ser expandido, la Corriente fluye, porque la Corriente de este Flujo de Vida es literalmente el impulso ocasionado por la respuesta de la *Ley de Atracción* a la vibración de su Ser expandido.

La pregunta clave —la pregunta que este libro pretende responder— es: <u>¿Qué están haciendo ustedes en su forma física con relación a la vibración de su ser expandido? ¿Están o no permitiéndose ir a la par con la velocidad vibratoria de lo que se han convertido?</u>

❧ ❧ ❧　 ☙ ☙ ☙

Capítulo siete

La brecha vibratoria entre ustedes y *Ustedes*

Puesto que la vida ha ocasionado su expansión, y debido a que la *Ley de Atracción* está ahora respondiendo a la vibración de ese ser expandido, pueden sentir ahora, conscientemente, su respuesta a esa Energía en movimiento.

Eso es precisamente lo que son sus emociones. Si los pensamientos que tienen en este momento están en alineación con la vibración de su Ser más Amplio, sienten la armonía de esa alineación en la forma de emociones y sentimientos positivos. Pero si los pensamientos que tienen en este momento están fuera de alineación con la vibración de su Ser más Amplio, sienten la *falta* de armonía de esa alineación en forma de emociones negativas.

Regresando, entonces, a la analogía de la canoa en el Flujo: *cuando se permiten flotar libremente en el Flujo, sin resistencia, cerrando así la brecha entre donde se encuentran ahora mismo y en lo que se ha convertido su parte más amplia, sienten su alineación en la forma de emoción positiva. Pero si están remando* <u>*contra la corriente,*</u> *manteniéndose en contra de la Corriente natural de su propia evolución, su resistencia al Flujo, y a eso en que se ha convertido esa parte mayor de ustedes, es evidenciada en forma de emociones negativas.*

El poder de su guía emocional

Si alguien que no conocieran, los contactara de alguna manera para decirles:

–Hola, usted no me conoce, pero deseo decirle que jamás volveré a contactarlo –ustedes dirían–: Está bien. No se sentirían tristes ni desilusionados de no volver a saber de este extraño. Pero si alguien importante para ustedes les dijera lo mismo, sentirían una fuerte emoción negativa.

La emoción que sienten siempre indica la diferencia vibratoria entre su punto de deseo y su pensamiento actual. Podrían decir que sus emociones indican la diferencia entre su deseo y su creencia, o entre su deseo y sus expectativas. Nos gustaría explicarles que sus emociones equivalen a la relación vibratoria, entre la vibración de lo que en verdad se han convertido, y lo que se están permitiendo ser ahora mismo, según los pensamientos que están teniendo.

Por ejemplo, cuando se sienten orgullosos de sí mismos, los sentimientos que están experimentando le están indicando una alineación entre la vibración (o pensamiento) de su *Ser Interior* y la vibración (o pensamiento) de ustedes aquí mismo, en este momento. Cuando se sienten turbados o avergonzados, esos sentimientos indican que en su ahora, están teniendo pensamientos sobre ustedes que son muy diferentes a los pensamientos que está teniendo esa parte Más Amplia de ustedes sobre ustedes.

Antes de que sus emociones puedan ser significativas para ustedes —antes de permitirles que les ofrezcan la guía precisa y perfecta— deben comprender que son Seres con dos puntos de perspectiva que están relacionándose mutuamente de forma continua. Cuando comprenden que su *Ser Interior,* o el *Ser expandido* en el que se están convirtiendo, se encuentra en la máxima culminación de la vida y los llama constantemente hacia él, entonces comienzan a comprender el sentimiento de pasión o de ímpetu que está presente cuando permiten su movimiento hacia su ser expandido. Y también comprenden el sentimiento de sentirse insatisfechos o incómodos cuando no permiten ese movimiento hacia su ser expandido.

No hay forma de evadirlo: deben permitirse ser el Ser que la vida ha ocasionado que sean, si pretenden sentir alegría y gozo. A menos que sientan esa alegría y gozo, no se están permitiendo ser lo que la vida ha ocasionado que sean.

Las emociones indican el grado de su alineación

Como ya saben, a partir de sus experiencias de vida los inunda una variedad de sentimientos según lo que está ocurriendo, observando y pensando. Su emoción, ya sea que se sienta bien o mal, es un indicador vibratorio de la relación entre la vibración de su Ser Más Amplio y ustedes. Sus emociones indican el grado de alineación con lo que se han convertido. Les demuestra si en este momento están a la par o no con ustedes.

Con el paso del tiempo, han llegado a describir la variedad de sentimientos o emociones con muchas palabras distintas. Además, debido a la cantidad de individuos que han sentido estas emociones, y debido al gran número de generaciones de personas teniendo una variedad de experiencias, han llegado a un acuerdo un tanto consistente sobre lo que están sintiendo y la palabra que usarían para describirlo.

Preferimos que se encuentren sintiendo entusiasmo, amor y alegría, que miedo u odio o ira; pero debido a que comprendemos la razón vibratoria de estas emociones, no tratamos de guiarlos desde el miedo directamente a la emoción de alegría, porque comprendemos que la diferencia vibratoria es demasiado grande como para recorrerla en un sólo tramo. De hecho, no vemos razón alguna para tratar de dar ese salto de una sola vez, porque un movimiento gradual hacia la dirección de bienestar es lo único necesario e incluso posible.

Nada que desean va contra la corriente

Todo lo que ven a su alrededor (tierra, cielo, ríos, edificios e incluso personas y animales) fue una *vibración de pensamiento* antes de convertirse en las cosas físicas que ahora observan. Aunque la mayoría de ustedes no lo comprende, están ahora en la Percepción Avanzada del pensamiento. Además, son tan buenos traduciendo la vibración a través de sus sentidos de la vista, oído, olfato, gusto y tacto, que la mayoría de ustedes es plenamente inconsciente del proceso de traducción. Tan sólo es la vida, y ustedes la están viviendo.

Pero si pueden comprender a plenitud el concepto de que todo lo que observan a su alrededor en forma manifiesta, fue primero una *vibración de pensamiento*; luego una *forma de pensamiento*; y, por último, la *manifestación* tal como la ven ahora, la visión global de la creación comenzará a mostrarse antes ustedes. Y entonces, no sólo tendrán una idea más clara de cómo llegan a manifestarse las cosas que llaman: "experiencia de la vida real", sino que, además, *sentirán* la Corriente de la cual todas las cosas proceden y fluyen.

A lo que nos referimos cuando decimos: "Nada de lo que desean va *contra la corriente*", es que sus deseos —puesto que ya han pensado en ellos y los han pedido— ya están en proceso de creación. *De igual forma que un objeto redondo rodaría cuesta abajo de manera natural, sin requerir de un motor o de un impulso adicional de influencias externas, sus deseos también están, en cierto sentido, rodando con facilidad y naturalmente hacia sus propias conclusiones. Una vez que la vida ha originado la creación de un deseo, la labor de ustedes ha finalizado, y a partir de ese momento, las leyes y fuerzas naturales asumen el mando.*

La mejor forma que hemos llegado a explicarles este patrón de evolución natural es nuestra analogía de la Corriente del río: *cada una de sus solicitudes, grande o pequeña, se incorpora a la Corriente de este río; y literalmente, todo lo que han llegado a pedir va <u>a favor de la corriente,</u> en donde pueden encontrarlo, experimentarlo, poseerlo o vivirlo con facilidad.*

ঙ৫ ঙ৫ ঙ৫ ৡৈ ৡৈ ৡৈ

Capítulo ocho

Sus vidas fluyen en un ciclo natural

Nos gusta la analogía de la canoa en el río, porque señala la inutilidad de tratar de remar contra la Corriente. Cuando recuerdan que son *Energía de la Fuente*, que vinieron a este cuerpo desde la *Fuente*, y que ahora en este cuerpo, están dando nacimiento a los deseos en la Percepción Avanzada —en los que se convierte entonces la *Fuente* y los llama hacia ella— entienden el verdadero Río de la Vida. Y entonces, comprenden la inutilidad de tratar de remar *contra la corriente*, contra esta Corriente.

Si consideran estas importantes ideas y las integran en sus pensamientos, hasta que se convierten en la piedra angular de lo que son, serán entonces capaces de lograr el propósito que tenían al venir a este cuerpo. Serán entonces capaces de vivir la vida de gozo que vinieron a vivir.

- Antes de su nacimiento, desde su perspectiva de la *Fuente,* establecieron su pensamiento para llegar a este cuerpo físico.

- Desde la perspectiva de su *Fuente,* dieron nacimiento a la idea de *ustedes*.

- La *Ley de Atracción* respondió a esta idea e invocó la manifestación de *ustedes*.

- Ahora, en este cuerpo, le dan nacimiento a ideas expandidas de sus vidas.

- La *Ley de Atracción* responde ahora a estas ideas y las manifiesta.

- Ahora, desde una perspectiva existencial, otra idea ha sido dada.

- La *Ley de Atracción* responde a ese pensamiento y se crea el impulso inicial.

- Y ese impulso inicial —ocasionado por la respuesta de la *Ley de Atracción* a esa idea— es la Corriente de la Vida.

Cuando aceptan conscientemente la naturaleza Eterna de su Ser, la idea de esta expansión infinita es un concepto fácil de seguir.

Cuando aceptan a consciencia que son Seres eternamente en expansión, tiene perfecto sentido vivir la vida en este ambiente físico, fantásticamente diverso, en donde nacen nuevas ideas continuamente.

Cuando comprenden que mientras están enfocados físicamente aquí, son al mismo tiempo ese Ser Eterno, comienzan a ver el proceso de la creación de forma aún más clara.

Cuando recuerdan que el *Ser Interior* que es parte de ustedes siempre responde a la idea expandida, que su vida física ha dado en nacimiento, comienzan a obtener un sentido del impulso inicial de este Flujo.

Y, finalmente, cuando comprenden que la *Ley de Atracción* está respondiendo a la idea más remota con la misma Energía que crea mundos, obtienen un mayor sentido del impulso inicial de este Flujo.

Es desde nuestra amplia visión de las *Leyes del Universo* y de su lugar importante en él, que podemos recordarles con claridad que todo lo que desean va *a favor de la corriente* en esta gloriosa Corriente de creación. Y cuando reposan en el inevitable Bienestar que es su verdadero legado, comienzan a vivir la vida en la forma en que se lo habían propuesto antes de su nacimiento físico.

Suelten los remos

La mayoría de las personas intenta calcular la distancia de donde están a donde desean estar. "¿Cuánto más debo viajar? ¿Cuánto más debo hacer? ¿Cuánto más peso debo perder? ¿Cuánto más dinero necesito?". Y esto ocurre en principio porque, en su formato físico, ustedes tienden a estar orientados a la *acción*.

Nos gustaría que entendieran, sin embargo, que cuando comienzan a enfocarse en su mundo en función de la *vibración* en vez de la *acción,* y en función del *pensamiento* en vez de en función de *tiempo y espacio y distancia,* su habilidad para cerrar la brecha entre donde están y en donde desean estar, será mucho más efectiva.

Algunas veces, incluso cuando estamos ofreciendo analogías, como la de colocar la canoa en el Flujo, ustedes desean aplicar sus tendencias típicas orientadas a la acción. En otras palabras, a menudo nuestros amigos físicos aceptan nuestra premisa de que desean estar *a favor de la corriente,* y entonces desean que les señalen la dirección correcta y desean apresurarse *a favor de la corriente:* "¿Cómo puedo ir *a favor de la corriente* más rápidamente hacia las cosas que deseo? Me enfocaré mejor. Haré más esfuerzo. Trabajaré más tiempo". Pero deseamos que entiendan que esas actitudes determinadas solo provocan que regresen de nuevo en *contra la corriente.* Una vez que se dirigen *a favor de la corriente,* en esta Corriente de Vida, no es necesario que coloquen un motor en su bote con el fin de hacerlo ir más rápido. La Corriente los llevará...; sólo deben soltar los remos.

Cuando dejan de remar <u>contra</u> la Corriente —cuando sueltan sus remos y reposan en su propio Bienestar natural— la Corriente, que siempre se mueve en dirección de lo que se han convertido y de todo lo que desean, los llevará hacia sus deseos.

La creencia de que hay algo que superar los lleva de forma automática *contra la corriente.* Deben comprender que todo lo que desean es fácilmente accesible, si se dirigen automáticamente *a favor de la corriente*. Y una vez que lo comprendan, estarán practicando el *Arte de Permitir* que su Bienestar natural fluya hacia ustedes, y ustedes hacia él...; y ése es el *Arte de Permitirse ser el Ustedes* en que la vida los ha convertido.

ঙ৵ঙ৵ঙ৵ ৡ৵৻৵৻৵

Capítulo nueve

La *Ley de Atracción*
no requiere de práctica

Existen tres *Leyes Universales* poderosas muy valiosas para su comprensión, si desean guiar su vida deliberadamente, y la *Ley de Permitir* es la última de ellas. Parece lógico que hablemos de la primera *Ley*, luego de la segunda y, por último, de la tercera; y lo hemos hecho exactamente así en nuestros libros anteriores. Sin embargo, estamos enfatizando esta importante y tercera *Ley*, porque es realmente la *Ley* que vinieron con la intención de aprender a dominar en este tiempo y espacio. Esta es la *Ley* que deben practicar, si desean convertirse en los Creadores Deliberados que vinieron a ser. La primera *Ley*, la *Ley de Atracción*, no es algo que requiera de práctica, ni siquiera es algo que *pueden* practicar, pues es una *Ley* que existe en cada partícula del Universo y, simplemente, *es*.

Al igual que su ley terrenal de gravedad no requiere de práctica, pues responde consistentemente a toda la materia, tampoco la *Ley de Atracción* requiere de práctica. Ustedes no cuentan con "instructores de gravedad", que les enseñe cómo evitar que las cosas vayan hacia arriba; pues el que las cosas vayan hacia arriba y no hacia abajo no es una opción, ni un problema. De igual manera, no tienen que practicar con el fin de lograr que la poderosa *Ley de Atracción* les responda de forma consistente..., ya que les atraerá cosas que correspondan con su vibración, y lo hará aunque ustedes no la *conozcan.*

La segunda de estas tres *Leyes Universales* poderosas es la *Ley de la Creación Deliberada.* Dirigiendo su atención y pensamientos *deliberadamente* hacia el resultado de sus deseos, pueden ser, hacer o tener todo lo que decidan. La aplicación de esta poderosa *Ley* ha dado como resultado la manifestación de este maravilloso planeta en que viven, y todo lo que son capaces de ver. De la misma forma en que la *Energía* de la *Fuente* No Física ha aplicado esta *Ley* —y a través de su poderoso enfoque, ha creado este entorno que llamamos vida en el planeta Tierra— ustedes están continuando el proceso de creación desde su posición física estratégica.

Vivir la Ley de Permitir

Y aunque estas dos primeras *Leyes* son de extrema importancia y percibirlas es de gran valor para ustedes y para *Todo lo que es;* en la comprensión y la aplicación de esta tercera *Ley, la Ley de Permitir, es donde reside, verdaderamente, todo su poder personal.*

La *Ley de Atracción* dice: "Atraigo la esencia de aquello que es similar". Y eso significa que si me siento poco apreciado debido a las circunstancias que han ocurrido recientemente en mi vida, la *Ley de Atracción* no puede rodearme de personas que me aprecien. Eso se opondría a la *Ley de Atracción.*

Si me siento gordo e infeliz respecto a como luce y se siente mi cuerpo, no puedo descubrir el proceso o el estado mental necesario para lograr un cuerpo que luzca y se sienta bien. Eso se opondría a la *Ley de Atracción.*

Si me siento desanimado respecto a mi situación financiera, ésta no puede mejorar. La mejoría frente al desánimo se opondría a la *Ley de Atracción.*

Si estoy enojado porque las personas se han aprovechado de mí, me han mentido, me han difamado, o incluso si han destruido mi propiedad, ninguna acción que tome podrá evitar que esas cosas desagradables pasen, porque eso se opondría a la *Ley de Atracción.*

La *Ley de Atracción* simple y llanamente refleja, en una variedad increíble de formas, una respuesta exacta a su oferta vibratoria. En resumen, cualquier cosa que les esté ocurriendo es un

Correspondiente Vibratorio perfecto de la vibración actual de su Ser; y las emociones presentes en su interior les indican ese estado vibratorio del Ser.

Una vez que son conscientes de la poderosa *Ley de Atracción*, muchas personas toman la decisión de estar más en control de sus propios pensamientos, porque han llegado a comprender el poder del pensamiento enfocado. Las personas intentan controlar y enfocar con mayor efectividad sus pensamientos a través de una variedad de métodos, que van desde la hipnosis o el intento de controlar los pensamientos inconscientes..., hasta meditaciones, afirmaciones y métodos intensos de control mental.

Pero hay una forma mucho más fácil de llegar a ser Creadores Deliberados de su propia experiencia y de realizar su intención en esta dichosa experiencia de vida, y es comprendiendo y aplicando el *Arte de Permitir.* Es la guía consciente y sutil de sus pensamientos hacia la dirección general de las cosas que desean. Y cuando llegan a comprender este poderoso Flujo de Vida que les estamos explicando, y cuando vislumbran la visión global de *quiénes son en verdad,* y, lo más importante, cuando se convencen de que su verdadera labor es simplemente realinearse con *quiénes son en verdad,* el *Arte de Permitir* se convertirá en su segunda naturaleza.

Dejarse llevar por el flujo del Bienestar natural

Dedicaremos, entonces, todo este libro a ayudarlos a dejarse llevar por el flujo de su Bienestar natural. Hablaremos de la esencia de casi cualquier situación concebible en la que puedan encontrarse, y les ofreceremos guías y sugerencias que los llevarán de regreso a ir *con* la Corriente natural. Les ayudaremos a redescubrir conscientemente la fascinante percepción sensorial con la que nacieron, que los ayuda a determinar la dirección de su verdadero sendero. Esperamos que cuando lean este libro, y regresen a la percepción consciente del asombroso poder de sus emociones, se conviertan en seres Permitidores del Bienestar que son, desde el punto de vista de su *Energía* de la *Fuente* No Física, y aún más amplia.

El malentendido más común, que evita que las personas obtengan control de una situación y recuperen su equilibrio personal, es la creencia de que *tengo que llegar a donde deseo llegar* <u>*ahora mismo,*</u>

o lo más pronto posible. Ciertamente, comprendemos su deseo de descubrir las respuestas a sus preguntas rápidamente, o de resolver sus problemas lo más rápidamente posible, pero aun así, esa urgencia funciona en su contra. Cuando sienten una *urgencia* de estar en algún lugar, están ejerciendo presión contra el lugar en donde están ahora mismo. Es decir, van *contra la corriente.* Pero una falla más importante en la premisa de comenzar así, es ésta: *En su creencia de que deben apresurarse a llegar a un lugar de mejoría, están ignorando el poder del Flujo, su velocidad, su dirección y su promesa. Y al olvidar estas cosas, están dirigiéndose definitivamente en la dirección opuesta de* <u>*quiénes en verdad son*</u> *y de todo en lo que se han convertido.*

Entonces, ahora regresen su atención a la analogía de *contra y a favor de la corriente,* y *sientan,* por un momento, la sensación de *alivio* que desearían experimentar si han estado remando contra la Corriente y, luego, de repente dejan de remar, en una actitud de entregarse al Flujo y dejarlo simplemente que los lleve *a favor de la corriente.* Dejen que esta visión los alivie aún más cuando tratan ahora de recordar que este Flujo es benevolente y sabio, y en verdad los está llevando hacia las cosas que desean. En su imaginación, descansen sobre su bote, sientan cómo gira naturalmente *a favor de la corriente,* y descansen en la idea de que este Flujo los llevará a su inevitable Bienestar y a la realización de sus deseos.

Ustedes le añaden poder al Flujo

Las siguientes páginas de este libro tienen el potencial de llevarlos rápidamente a alinearse con todo lo que siempre han deseado. Pero esa alineación no será posible a menos que se hayan tomado el tiempo de aceptar la validez de la analogía del Flujo.

Si pueden aceptar que desde su posición estratégica No Física antes de su nacimiento físico, habían establecido intenciones, y que esas intenciones constituyen parte del impulso inicial del Flujo...; que cuando están aquí en este cuerpo físico, la vida ocasiona que pidan más cosas, y que esas cosas constituyen parte del impulso inicial del Flujo...; que en todo lo que han vivido, están enviando constantemente proyectiles vibratorios, y que esos proyectiles constituyen parte del impulso inicial del Flujo...; y, sobretodo, si pueden aceptar que su *Ser Interior,* la *Fuente* en su interior, ahora permanece en alineación vibratoria con todo en lo que se han convertido, y que la *Ley de Atracción* está atrayendo ese punto de convocatoria remoto..., *entonces, ahora* comprenden el poder de este Flujo.

Por consiguiente, antes de proseguir, descansen por un momento y contemplen este maravilloso y poderoso Flujo de Bienestar, el cual se mueve infinitamente en la dirección de lo que se han convertido y hacia la realización de lo que son...

Y ya están listos para aplicar la comparación de *contra y a favor de la corriente,* respecto a todos los aspectos de su propia experiencia de vida. Esperamos que ahora estén listos para reconocer, personalmente, pensamiento a pensamiento, si están dirigiéndose *contra la corriente* o *a favor de la corriente;* y si están cerrando la brecha entre ustedes y Ustedes, o se están alejando de forma no natural.

◄§ ◄§ ◄§ §► §► §►

SEGUNDA PARTE

Demostración
del asombroso
poder de las
emociones

Algunos ejemplos para ayudarlos a soltar los remos

En las páginas que siguen, les ofreceremos ejemplos sobre una variedad de temas en los que con frecuencia las personas se encuentran fuera de alineación con sus propios deseos. Trataremos asuntos relacionados con sus cuerpos físicos, sus relaciones, sus propósitos de vida, sus fuentes de ingresos, e inclusive eventos mundiales. Hemos recolectado estos ejemplos de la vibración de la Conciencia Masiva, de la manera en que viven sus vidas, y al hacerlo, han pedido mejoría y expansión.

Algunos de estos ejemplos encajarán perfectamente con las cosas que son importantes para ustedes ahora mismo; y aunque algunas de ellas pueden no estar relacionadas con algo personal, sería útil leerlos, incluso si no tienen relación con "sus" temas, porque en estos ejemplos descubrirán una verdadera comprensión de la Ciencia de la Creación Deliberada.

Es muy probable que no estén de acuerdo con estos ejemplos, pues les parecerá difícil creer que algunos de estos deseos sean apropiados. Dependiendo de lo que estén experimentando ahora mismo y de sus sentimientos, pueden pensar que estos deseos son frívolos. Por ejemplo, si sientes miedo respecto a una condición física y estás leyendo cómo mejorar la relación con un colega en el trabajo, puedes sentirte molesto de que alguien le preste atención a algo que a ti te parece insignificante, dadas *tus* circunstancias. Pero, aunque personalmente no se sientan relacionados con algunos de los ejemplos aquí presentados, los animamos a que los lean de todas maneras, pues sabemos que en el proceso de su lectura llegarán a comprender con mayor profundidad la alineación vibratoria.

No intentamos guiar sus deseos, pues su propia vida ya se encarga de eso; pero sí esperamos que los siguientes ejemplos sirvan como herramienta que les permita su alineación con sus propios deseos.

ক্ষ ক্ষ ক্ষ ই ই ই

Ejemplo 1

Recibí un diagnóstico alarmante: ¿Cuánto tiempo me tomará encontrar mi solución?

Ejemplo: "Mi cuerpo está mostrando señales de falta de equilibrio. De hecho, es tan marcado que he recibido un diagnóstico de un experto que me ha dejado muy perturbado y ahora siento temor".

El temor que sientes es comprensible en estas circunstancias, pero aun así lo sientes, y eso significa que estás yendo *contra la corriente.*

Ahora bien, es fácil perder la visión de lo que debe ser tu verdadero trabajo, pues existen opiniones variadas respecto al curso de acción que deberías seguir. Se han escrito cientos de libros respecto al tema de tu diagnóstico; sin embargo, deseamos apoyarte en descartar la confusión respecto a cuál acción debes tomar y ayudarte, simplemente, a determinar si estás yendo *contra la corriente* o *a favor de la corriente.*

Es fácil que te sientas más confundido al tratar de comprender lo que habrías podido hacer distinto para no estar ahora en esta situación mirando hacia atrás, en la encrucijada del camino, en donde si hubieras escogido algo distinto, habrías llegado a un lugar diferente: "No debí haber hecho esto y esto otro durante todos estos años"; o "debí haber hecho esto en lugar de lo otro.

Si tan sólo me hubiera cuidado mejor... Si tan sólo me hubiera tomado el tiempo de hacerme revisiones médicas periódicas... ¡Si tan sólo hubiera escuchado a mi madre!".

Pero deseamos que comprendas, que en este momento, lo único que debes considerar es: *¿Estoy yendo <u>contra la corriente</u> o <u>a favor de la corriente?</u>* Y si permites que ésa sea tu única consideración ahora mismo, puedes comenzar a moverte hacia el estado de mejoría que deseas. En otras palabras, lo único que debes considerar es: *Ahora mismo, ¿estoy yendo <u>hacia</u> la mejoría o me estoy <u>alejando</u> de ella?* Y la emoción que sientas te dará la respuesta.

El ejercicio para determinar si estás yendo *contra la corriente* (alejándote del resultado del deseo que buscas) o *a favor de la corriente* (hacia el resultado deseado) varía de una persona a otra dependiendo de la velocidad del Flujo de cada cual. Por ejemplo, si tu diagnóstico es grave y mortal y sigues sintiendo una gran pasión por la vida, sentirás un impulso muy intenso contra la Corriente (o un miedo muy intenso) cuando te enfocas en el diagnóstico. Pero si ya no estás muy interesado en seguir la vida en este cuerpo físico, entonces el sentimiento de inconformidad será mucho más suave. *La emoción que sienten en cualquier momento les dice dos cosas: (1) la velocidad de su Flujo o la intensidad de su deseo respecto a un resultado en particular; y (2) en cuál dirección van en el Flujo.*

Al comenzar a procesar este ejemplo, deseamos que consideren que hasta la idea de "sanación" va *contra la corriente,* pues implica superar una enfermedad. Sientan la diferencia entre la idea de "combatir la enfermedad" y la de "permitir el bienestar".

Ofreceremos algunas declaraciones que a menudo surgen en una situación similar. Observen si pueden sentir si la afirmación va *contra la corriente* o *a favor de la corriente.*

Este es un diagnóstico muy aterrador. (Contra la corriente)

Debí cuidarme mejor. (Contra la corriente)

Esta enfermedad es hereditaria. (Contra la corriente)

Las opciones de tratamiento no son nada agradables. (Contra la corriente)

¿Cómo fue que pudo ocurrirme algo así? (Contra la corriente)

¿Por qué tuvo que pasarme a mí? (Contra la corriente)

Es muy probable que mientras lean estas afirmaciones, sientan con facilidad que van *contra la corriente,* que son declaraciones que ofrecen resistencia. Pero ahora examinen las siguientes afirmaciones generales:

Puedo vencer esto.

No voy a dejar que esto me afecte.

No estoy listo para irme.

Triunfaré sobre esto.

Deseamos que comprendan que estas afirmaciones van *contra la corriente,* son afirmaciones de resistencia, pues cada una de ellas está observando lo que no desea y manteniéndose en alineación vibratoria con lo indeseado, en vez de con lo deseado. Y, en dichas afirmaciones, no están recordando que en la experiencia desagradable de haber contraído la enfermedad, ya han pasado una solicitud vibratoria de mejoría, la cual su *Ser Interior* ya ha logrado; y su *Ser Interior* se encuentra en ese lugar mejorado, llamándolos hacia él, y ÉSE es el impulso inicial del Flujo... Su propia creencia de que deben superar esta adversidad, los envía *contra la corriente* y los aleja de la solución.

Ahora noten cómo se sienten estos pensamientos:

Este diagnóstico me ha ocasionado que pida una salud aún mejor.

Mi parte mayor, mi Ser Interior, ya ha conseguido esa salud.

Seguiré evolucionando y pidiendo más.

En un nivel vibratorio, estoy en el mejor estado de salud posible.

La parte mayor de mí, la parte de mi Ser Interior, está mejor ahora que nunca.

Además, la Ley de Atracción está llamando al resto de mi ser hacia ese mejor estado de salud.

La Corriente natural se está moviendo en la dirección de mi Bienestar.

Cualquier acción que tome es menos importante que mi conciencia sobre este Flujo.

No hay razón alguna para que yo tenga que sufrir por todo esto.

Mi Bienestar es inevitable.

Todas estas declaraciones van *a favor de la corriente.* Ahora tómate un momento para sentir el alivio en la naturaleza tranquila de estas afirmaciones *a favor de la corriente.*

Cada vez que sientes alivio, has disminuido la resistencia; y cada vez que disminuyes la resistencia, estás fluyendo en la dirección de tu deseo. La manifestación física de tu buena salud no será totalmente evidente de inmediato, pero eso no es necesario. Ahora que has descubierto el arte de *permitir* tu Bienestar, en vez del impulso de *resistirlo,* tu Bienestar debe regresar.

Mientras sigues tratando de guiar tus pensamientos a favor de la corriente, con el tiempo se convertirá en tu inclinación natural; sera fácil para ti y tu buena salud regresará. Al comienzo, el alivio será esporádico; con el tiempo, tu alivio será consistente, y entonces, la manifestación corresponderá con el alivio. La enfermedad es la respuesta de la Ley de Atracción a la resistencia; el Bienestar es la respuesta de la Ley de Atracción a permitir.

¿Cuánto tiempo me tomará encontrar mi solución?

Pregunta: "¿Cuánto tiempo me tomará empezar a ver una mejoría en mi cuerpo físico? Es decir, ¿cuándo puedo esperar un diagnóstico nuevo y mejor?".

Aunque es comprensible que todavía estés haciendo este tipo de preguntas, ya que estás anhelando una solución rápida a tu aterrador diagnóstico, las preguntas surgen de la premisa de experimentar la enfermedad y de necesitar una solución. Y así, tus preguntas, definitivamente, van *contra la corriente.* También revelan tu falta de comprensión del poder del Flujo, su dirección y su habilidad de llevarte a las soluciones que estás buscando. Cuando preguntas: *¿Cuánto tiempo falta para empezar a observar una mejoría?,* en realidad, estás preguntando: *¿Cuánto tiempo estaré aquí en este* *lugar que no deseo?* La variación en estas palabras puede parecerte insignificante, pero te aseguramos que la diferencia *vibratoria* es enorme.

La única forma de lograr saber, personalmente, si tus palabras o tu enfoque van *contra la corriente* o *a favor de la corriente* es cuando buscas un sentimiento visceral de *alivio*. Por ejemplo:

¿Cuánto tiempo falta para que note una mejoría en mi cuerpo físico? (Contra la corriente)

Ahora trata de encontrar una pregunta o perspectiva que te haga sentir mejor. Enfócate en lo que sientes e intenta hacerte sentir mejor con tu siguiente frase.

Sentirme mejor es algo natural. (A favor de la corriente)

Todo a su debido tiempo. (A favor de la corriente)

Puede ser que estas afirmaciones no te parezcan contundentes y puede ser que no creas del todo en ellas, pero eso no importa. Lo único que importa es que te enfoques un poco, que te hagas *sentir* un poco mejor. No le pusiste un motor a tu bote para correr de inmediato hacia una sanación milagrosa, pero lograste detener la resistencia, soltaste los remos, regresaste al Flujo. Hiciste lo necesario aquí y ahora mismo.

En ocasiones, algo ocurrirá, observarás algo, notarás algo que alguien te dijo, o recordarás algo que te envía de nuevo *contra la corriente*. Sin embargo, esto no es un problema para ti porque ahora estás consciente de tu posición en el Flujo...; y entonces, de nuevo, con un poco de esfuerzo, puedes liberar el pensamiento *contra la corriente* y reemplazarlo con algo que se siente mejor.

Por ejemplo, verás a alguien en quien se manifiesta el sufrimiento de una enfermedad debilitante y adviertes que sus síntomas son similares a los tuyos, aunque es evidente que esa persona está mucho más enferma que tú. Cuando la ves, sientes miedo y piensas: *Espero que eso no sea lo que me espera.*

Pero, en esta ocasión, el *pensamiento* no tiene prioridad en tu interior. Más bien, tu percepción de lo que *sientes* asume la prioridad. Y puesto que lo que *sientes,* aquí mismo y ahora mismo, es más importante que incluso lo que estás pensando o contemplando, *tomas una decisión, en ese momento, para mejorar tus sentimientos.*

Espero que eso no sea lo que me espera. (Contra la corriente)

No conozco la historia personal de esta persona. (A favor de la corriente)

Puede ser que esta persona se sienta mejor hoy que hace un mes. (A favor de la corriente)

Desconozco los pensamientos que están creando esta experiencia en esta persona. (A favor de la corriente)

La experiencia de esa persona y la mía no están relacionadas. (A favor de la corriente)

Yo no debería andar buscando problemas. (A favor de la corriente)

Creo que me concentraré en mis propios asuntos. (A favor de la corriente)

De nuevo, no estás buscando una mejoría drástica o ideas que transformen tu vida... sólo progresos ligeros y sutiles en la manera como te sientes. Mientras ocurren cosas distintas a lo largo del día, y mientras percibes tus sentimientos al vivirlas, y al insistir en dirigirte ligeramente *a favor de la corriente* —una y otra vez—, antes de que te des cuenta, ir *a favor de la corriente* será tu tendencia natural. Y pronto verás evidencia aparente en tu cuerpo físico como consecuencia de la mejoría en la dirección de tus pensamientos.

Al enfocarte en la emoción mejorada —la cual puedes lograr en este momento—, sientas las bases para los cimientos vibratorios de tu mejoría física. *Cuando intentas precisar los detalles de <u>cuándo</u> o <u>cómo</u> ocurrirá la mejoría física, la retardas porque no conoces esas respuestas, y entonces, originas resistencia en tu vibración. En resumen, aunque no puedes conseguir la recuperación física inmediata, sí <u>puedes</u> lograr una emoción mejorada. ¡Y eso es suficiente!*

❧❧❧ ❧❧❧

Ejemplo 2

No logro perder peso

Ejemplo: "He tenido sobrepeso desde que tengo memoria. Hubo unos breves periodos en mi vida en que logré conseguir el control de mi peso por medio de dietas desagradables, de absoluta abstención de comida y ejercicio arduo. Y ninguno de estos fue fácil; además, no logré mantener el régimen durante mucho tiempo, y entonces, el peso indeseado regresaba siempre.

"No me siento cómoda en mi ropa y me aterroriza ir a comprar ropa nueva. Me paro frente a mi ropero buscando algo que ponerme, y aunque tengo cosas lindas, nada me atrae porque no me gusta cómo luzco sin importar lo que me ponga.

"Me muevo con dificultad y sé que me sentiría mucho mejor si pudiera perder aunque fuera unos cuantos kilos, pero me siento incapaz de hacer cualquier cosa al respecto, y me siento muy desanimada".

Deseamos comenzar esta conversación recordándote la parte más importante de la *Creación Deliberada:* crear no es hacer que las cosas ocurran por medio de la acción. De hecho, crear no es en absoluto *hacer* que las cosas pasen. Crear es *permitir* que ocurra tu deseo, y *permitir* ocurre a través de la alineación con la Energía, no por medio de la acción.

A veces es difícil escuchar algo así, porque sabes, desde tu experiencia personal en la vida, que la acción sí *produce* resultados. Sabes que has logrado perder unos cuantos kilos disminuyendo tu consumo de alimentos, y no dudas que el ejercicio también ayuda. Y estamos de acuerdo, pues es obvio que la acción tiene un lugar en la creación de muchas cosas. De hecho, sin acción, tu sociedad carecería de muchas de sus grandes cosas. Pero cuando haces de la acción la piedra angular de tu Proceso Creativo, sin considerar las bases vibratorias de tu Ser cuando tomas la acción, estás trabajando con una desventaja muy específica porque, sencillamente, no hay suficiente poder en la acción misma para contrarrestar las Energías competitivas de tus pensamientos fuera de alineación.

Puede ser que recuerdes una experiencia exitosa cuando alguien te ofreció una idea de cómo perder peso y sentiste un entusiasmo inmediato. Tu entusiasmo podría atribuirse al poder de la creencia de la persona que te ofreció la idea, o podría ser que la idea correspondía perfectamente con tus propias creencias...; pero es hacia tu *entusiasmo* que deseamos llamar tu atención.

Tu entusiasmo fue la evidencia de que la vibración de tu Ser estaba en alineación. Y luego, recuerda lo que ocurrió enseguida: te sentiste ansiosa por seguir la acción, y al tomarla ocurrieron resultados positivos... Es posible tomar acción porque alguien lo sugiere o lo promueve, o incluso lo exige; y una vez que te involucras en la acción, tu actitud puede comenzar a mejorar. Pero la alineación deliberada de tu vibración primero —lo cual inspira la acción con resultados positivos— es un enfoque mucho más poderoso hacia cualquier cosa que desees crear.

Durante tus momentos de desaliento, cuando reconoces que tu cuerpo no es como te gustaría que fuera, estás enviando proyectiles de deseos respecto a lo que prefieres, y en medio de todo ese proceso de vida —y sin que ni siquiera te des cuenta— estás acumulando más en tu Depósito Vibratorio. Has creado una versión vibratoria de tu versión física nueva y mejorada.

Deseamos ayudarte a comprender que esto no es un frágil sueño flotando en algún lugar de tu imaginación. No es un escape ilusorio de la realidad. Es el proceso de Creación, y se crea de la misma manera en que se ha creado todo lo que ves a tu alrededor. Vivir esta vida hizo que naciera la idea o pensamiento de que, con el tiempo, y con enfoque, se convirtió en lo que llamas "realidad".

El desánimo que has venido sintiendo es un indicador de la discordancia entre la Creación continuamente en evolución de tu hermoso cuerpo y las ideas que sigues teniendo al respecto. Tu cuerpo ha estado evolucionando vibratoriamente, pero tus viejos patrones de ideas, tus creencias (las cuales son sólo pensamientos repetidos), están causando una discordancia vibratoria. Y en dichas condiciones, el éxito no puede ser una inspiración ni un logro. En esas condiciones, todas las acciones son más difíciles, rinden poco o ningún resultado, causando aún más desánimo.

La clave para llevar a tu cuerpo a un nuevo lugar es verlo diferente a lo que es. Es necesario enfocarte en el cuerpo que viene en camino y distraerte de los aspectos negativos del cuerpo físico actual, porque siempre y cuando sigas viendo tu cuerpo como es, estarás contradiciendo la vibración de la idea de un cuerpo delgado. No puedes crear una nueva realidad, mientras observas tu realidad actual.

Ahora que comprendes por qué ha sido tan difícil para ti encontrar la inspiración para actuar y por qué la acción, aun cuando la llevaste a cabo, te rindió muy pocos resultados, déjanos mostrarte algunas cosas muy sencillas que puedes hacer para comenzar de inmediato el proceso de alineación de tu Energía, pues cuando comprendes las *Leyes del Universo,* y cuando comprendes las bases de tu Creación (la cual es la sencilla alineación de la vibración), estás camino al resultado que deseas:

- Tus opciones, ahora mismo, no incluyen si estás en tu peso corporal perfecto o no.

- No tienes otra opción más que estar en el peso que estás ahora mismo.

- Vas a pesar mañana prácticamente lo mismo que hoy, y al día siguiente... y después.

- Cambiar tu peso ahora mismo no es una opción.

- Cambiar tu alineación vibratoria ahora mismo sí *es* una opción: una opción poderosa.

- Además, ahora mismo, no estás eligiendo entre sentirte fabulosa o terrible.

- No estás eligiendo entre sentirte entusiasmada o sentirte desanimada.

- Tus opciones ahora mismo son más sutiles y más delicadas que eso.

- Estás tomando la sencilla decisión de sentirte un poco mejor o un poco peor.

- Puedes elegir un pensamiento *contra la corriente* o un pensamiento agradable *a favor de la corriente*.

- Esas son tus únicas opciones: *contra la corriente* o *a favor de la corriente*.

- Pero estas opciones son suficientes.

Por ejemplo, imagínate que estás en un centro comercial al aire libre. Vas de una a otra tienda hermosa, y hay cientos de personas entrando y saliendo de ellas contigo. Estas personas varían en tamaño y en forma y guardarropa, pero estás notando sobretodo a las personas que están bien vestidas, que tienen una hermosa figura, y toda la gente linda a tu alrededor; y cuando las ves, te sientes avergonzada.

Percibes con disgusto tu ropa, y te sientes infeliz con la forma en que luces hoy. Ves tu reflejo en las vitrinas mientras caminas, y te sientes en extremo infeliz con la forma en que luces. Te sientes nerviosa, desanimada y dejas de disfrutar por completo tu salida al centro comercial.

Ahora perdiste interés en la razón por la cual fuiste al centro comercial. Has perdido el deseo de comprar cosas. De hecho, lo único que te atrae ahora mismo es la idea de ir a comer algo. Llegan a tu olfato aromas deliciosos, y te das cuenta de que tienes hambre y de que deseas una merienda. Hay varias opciones a la vista, y por los aromas en el aire, sabes que hay más opciones cerca. Cualquiera de esas cosas te parece bien: helado, dulces, quizá algo más sustancioso como un emparedado. En verdad, todo eso te suena bastante bien ahora mismo.

Sientes un fuerte deseo de buscar un sitio tranquilo para comer algo, y mientras estás luchando con seguir o no tu impulso, es más fácil rendirte y conseguir algo de comer. Mientras estás en la fila de la heladería, adviertes las personas delgadas a tu alrededor. Te molesta verlas, y esta molestia incrementa todavía mas tu deseo por el helado...

Antes de seguir con los detalles de este ejemplo, y antes de ofrecerte guía para mejorar tu situación, deseamos explicarte algo que la mayoría de las personas no entiende, de hecho, incluso les cuesta creerlo. Ya sea que te ciñas a tu fuerza de voluntad y salgas de la heladería, o que sigas adelante con tu idea y elijas —y comas— un helado grandísimo, ¡no hay absolutamente ninguna diferencia en el efecto de esa acción sobre la otra! Incluso, si estamos hablando de mil idas pasando al lado de la heladería sin comerte un helado o mil días comiéndote un caja entera de helado, la elección de una *acción* sobre la otra no causa diferencia alguna. *No es tu acción lo que cuenta; es tu vibración. No es tu acción la que te engorda; es tu vibración. No es lo que estás haciendo lo que marca la diferencia; es cómo te sientes haciéndolo.*

Al comienzo de tu alineación vibratoria respecto a tu peso, puedes comenzar a sentir entusiasmo respecto a algunos cambios en tu dieta, y muchos dirán: "Y bien, no veo cómo este enfoque difiere mucho de, sencillamente, ponerse a dieta como lo he hecho tantas otras veces antes". Pero les pediríamos que adviertan con cuanta facilidad lo pueden realizar ahora desde el sentimiento de entusiasmo, en vez del desánimo desde el que actuabas antes. También notarás que en este estado de emoción mejorada, encontrarás una idea tras otra, todas atractivas. Comenzarás a descubrir que cada vez tienes mejores y mejores ideas que te hacen sentir bien. Comenzarás a sentir que te dejas llevar por esas nuevas ideas en vez de luchar por encontrarlas, y antes de que pase mucho tiempo, comenzarás a ver los resultados físicos. Por supuesto, al ver los resultados físicos, tu entusiasmo será incluso mayor, y entonces estarás verdaderamente lista para avanzar hacia el resultado que siempre has deseado.

Y una vez que logres tu peso ideal (y así será), te dirás a ti misma: *esta vez no fue difícil, y esta vez me mantendré así. Y, en todo caso, ahora sé lo que tengo que hacer, cuando así lo decida, para lograr la condición física que elija.*

CONSIDERA LO SIGUIENTE:

Si estar delgada corresponde con la emoción de felicidad...

y siempre que comieras helado te sintieras feliz...

serías una persona delgada que come grandes cantidades de helado.

Si tu deseo de estar delgada, mientras no lo estás, corresponde con la emoción del desaliento...

y siempre que comieras helado sintieras desaliento...

serías una persona gorda que come helado.

Si tu deseo de estar delgada, mientras no estás delgada, corresponde con la emoción de desaliento...

y siempre usaras tu fuerza de voluntad para mantenerte lejos de los helados...

serías una persona gorda que *no* come helado.

Algunos preguntarían: "Abraham, si ser infeliz te engorda, ¿por qué no hay personas gordas en los lugares en donde la comida es escasa? Ellos son infelices; y *no* son gordos. A menudo, se mueren de hambre". Y les responderíamos: si se enfocan en la situación actual de escasez de comida, y sienten temor por ustedes y por los suyos, están atrayendo lo que *no* desean. No cambia nada si el asunto de no desear estar gordo es lo que gira sus pensamientos en *contra la corriente* o si la idea de morir de hambre es lo que gira sus pensamientos *contra la corriente*. Sus pensamientos siguen estando *contra la corriente*: lo cual es la resistencia a lo que desean, sea su deseo estar *delgados* o *tener suficiente comida para su familia*.

Estar delgado corresponde con la emoción de felicidad. (A favor de la corriente)

Ser gordo corresponde con la emoción de infelicidad. (Contra la corriente)

Tener suficiente para comer corresponde con la emoción de felici-dad. (A favor de la corriente)

No tener suficiente para comer corresponde con la emoción de infe-licidad. (Contra la corriente)

La clave para crear todo lo que desean es encontrar la forma de girar hacia los sentimientos que los hacen sentir bien, pensamientos *a favor de la corriente,* incluso, cuando la situación actual no lo evoca desde tu interior; y usar tu fuerza de voluntad para enfocarte en pensamientos en la dirección de tu deseo y de *quién eres en verdad,* en vez de usar tu fuerza de voluntad para intentar producir acciones en contra de la Corriente.

Entonces, al comienzo, tus pensamientos serían algo similar a:

Estoy gorda. (Contra la corriente)

No quiero estar gorda. (Contra la corriente)

Estoy tan cansada de este sobrepeso. (Contra la corriente)

No me gusta como me veo. (Contra la corriente)

No me gusta mi ropa. (Contra la corriente)

No quiero comprar ropa. (Contra la corriente)

He intentado tantas cosas. (Contra la corriente)

Nada me funciona. (Contra la corriente)

Recuerda, no tienes que arreglarlo todo. Sólo debes tratar de encontrar un pensamiento que te haga sentir un poco mejor:

Me gustaría encontrar la manera de lograrlo. (A favor de la corriente)

Seguro que mis pies se sentirían mucho mejor. (A favor de la corriente)

De nuevo, éstas no son ideas contundentes, pero te hacen sentir mejor y, por lo tanto, van *a favor de la corriente,* y tu labor, por ahora, termina.

-=|[🖼]|=-

Cada vez que te descubras con el mismo viejo estribillo respecto a tu peso, si haces un esfuerzo y giras tus pensamientos *a favor de la corriente,* y permaneces enfocada en el tema hasta que sientas un ligero cambio; en un breve periodo de tiempo sentirás la mejoría en la relación vibratoria entre donde estás y donde deseas estar, y te sorprenderá el impulso que esta vibración mejorada le dará a tu proceso. Todo esto se hará más y más fácil hasta que, con tiempo, lograrás tu peso deseado.

Digamos, entonces, que estás en el trabajo y no te has enfocado en tu cuerpo o en tu peso porque tenías cosas que hacer y has estado ocupada. Pero ahora es la hora del almuerzo; vas caminando frente a la máquina surtidora de comidas rápidas y sientes deseos de una galleta. Pones el dinero, la galleta cae por el dispensador, y mientras le quitas el empaque, te abruma un sentimiento de incomodidad.

"Ahí voy de nuevo" dices, sintiendo que la incomodidad embarga todo tu ser.

Pero las ganas son intensas y le das un mordisco a la galleta.

Te sientes aún peor y un tremendo sentimiento de desilusión surge en tu interior.

Esta vez, las cosas son un poco distintas porque ya has comenzado un impulso inicial positivo por las afirmaciones que has estado diciendo respecto al tema de tu peso.

Recuerdas: *no tiene nada que ver con lo que estoy haciendo, tiene que ver con lo que estoy sintiendo mientras lo hago.* Entonces haces una pausa, miras la galleta y le dices lo siguiente:

No debería comerte. (Contra la corriente)

Tú solamente me harás engordar. (Contra la corriente)

Pero eres deliciosa. (A favor de la corriente)

Y no eres nada grande. (A favor de la corriente)

Me puedo comer un poco ahora y guardar el resto para más tarde. (A favor de la corriente)

Me gusta tener opciones. (A favor de la corriente)

Me gusta tomar decisiones deliberadas. (A favor de la corriente)

Me gusta estar a cargo de mis acciones. (A favor de la corriente)

Si me hubiera detenido a pensar, quizá no habría puesto el dinero en la máquina con tanta rapidez. (A favor de la corriente)

En realidad, estoy creando un gran drama por una galletita. (A favor de la corriente)

Eres una galletita deliciosa. (A favor de la corriente)

Pues, querida galleta, te estoy disfrutando. (A favor de la corriente)

Te estoy disfrutando <u>deliberadamente</u>. (A favor de la corriente)

Y, a veces, elijo comerte y otras, no. (A favor de la corriente)

Ahora mismo, te voy a comer. (A favor de la corriente)

Y te voy a disfrutar. (A favor de la corriente)

Acabas de lograr algo inusual para ti. Te estás comiendo una galleta y te has llevado a la alineación contigo y, por lo tanto, con tu deseo de estar más delgada al mismo tiempo. Estás en alineación con Tu Ser, lo cual es más mucho más significativo que cualquier cosa que hagas —o dejes de hacer— con la galleta. Y ahora, una persona muy delgada camina al lado de la máquina, saca una galleta y comienza a comérsela. Mientras miras, te das cuenta de que esta persona está verdaderamente disfrutando de esta galleta.

En el pasado, mientras veías a una persona delgada comer una galleta, tus pensamientos eran del tipo:

No es justo. (Contra la corriente)

Su metabolismo le permite comer cosas deliciosas y seguir siendo delgada. (Contra la corriente)

Probablemente, es una persona poco sana; debe ser lo único que comerá hoy. (Contra la corriente)

Pero, esta vez, debido al trabajo vibratorio que has venido haciendo, piensas:

Ah, esta es la evidencia de alguien que está en alineación con su deseo de comer una galleta. (A favor de la corriente)

Todo es cuestión de alineación vibratoria. No busques resultados físicos inmediatos, busca más bien una mejoría en tu ánimo, en tu actitud y en tus emociones. Cuando te sientes mejor, estás más en alineación, y todo lo demás le seguirá. Es la *Ley*.

᪣᪣᪣ ᪣᪣᪣

Ejemplo 3

Mis hijos pelean constantemente, y me están volviendo loca

Ejemplo: "Tenemos dos hijos: un chico de doce y una chica de trece. Son maravillosos, no tienen problemas en la escuela y sacan buenas calificaciones, pero pelean entre ellos constantemente. No llegan a golpearse ni nada por el estilo, pero si están en casa al mismo tiempo, discuten y golpean las puertas todo el día, todos los días. Cada cual tiene su propia habitación, no tienen que estar molestándose, pero parece que se irritan de una forma tan intensa que están haciendo miserable la vida de mi esposo y la mía. Lo hemos intentado todo: desde prohibirles acercarse el uno al otro, hasta hacerlos pasar todo el día juntos en una habitación hasta que hagan las paces. En realidad, odio verlos llegar a casa de la escuela".

Es muy interesante contemplar la *Creación Deliberada* a través de la perspectiva de las relaciones personales, o la *cocreación,* como nos gusta llamarla. Muchas personas se pierden en el laberinto tratando de resolver las cosas cuando se trata de llevarse bien con los demás.

Es virtualmente imposible provocar cambios suficientes a largo plazo en otras personas hasta llegar a resolver sus relaciones interpersonales. Muchas personas intentan provocar cambios en el otro durante un tiempo, pero luego dejan de hacerlo o siguen con sus vidas. *Pedirle a alguien que cambie para sentirte mejor, jamás funciona.*

Si hablásemos con cualquiera de tus hijos, no lo guiaríamos a que le pidiera al otro que cambiara. Pero esta situación es todavía más complicada: tú estás al margen de la situación, por decirlo así, deseando producir un cambio entre dos personas; y ya estás sintiendo —por la ausencia del éxito que has tenido, y por la variedad de intentos que has realizado para acabar con sus discusiones— que no puedes controlar la relación entre ellos.

Las personas a menudo intentan tomar el control sobre la conducta de sus hijos; sus empleados; o sobre los miembros de sus clubes, partidos políticos o iglesias, ofreciendo *recompensas* por la buena conducta y *castigos* por la mala conducta; pero nunca hemos visto resultados beneficiosos. *Las reglas y los castigos impuestos desde el exterior, por lo general, causan que se oculte la conducta indeseada —o incluso una mucho más desafiante—, porque las personas comprenden, de forma innata, que no están viviendo sus vidas para complacer a los demás.*

Explicamos a menudo que *ustedes son los creadores de su propia experiencia,* y eso también significa que *ustedes no son los creadores de las experiencias ajenas. Ellos son los creadores de sus experiencias.* Pero, ciertamente, comprendemos que cuando ellos están creando su experiencia bajo tu propio techo, al alcance de tus ojos y de tus oídos, su creación afecta la tuya, y, por consiguiente, deberías poder opinar respecto a la forma en que esto te afecta. Igual comprendemos que cuando observas en otro una conducta agradable, te sientes bien; y cuando observas una conducta desagradable, no te sientes bien. También comprendemos cómo puede impactarte aún más cuando se trata de observar a tus propios hijos. *Sabemos con certeza absoluta que si crees que tu felicidad depende de la habilidad de controlar la conducta de los demás, jamás encontrarás la felicidad, pues no es posible controlar a los demás.*

Hay muchas personas que se pasan toda su vida intentando obtener el control de alguien. Entonces descubren que el control absoluto de alguien requiere renunciar a su propia libertad, cuando giran su plena atención hacia ese esfuerzo poco práctico que malgasta su experiencia de vida, pues va completamente en contra de las *Leyes del Universo.*

Los padres sienten a menudo una necesidad tan intensa de guiar a sus hijos que les cuesta trabajo escuchar estas palabras, pues creen que les han confiado el cuidado y la guía de sus hijos y, por lo tanto, están buscando la mejor forma de proveerles esa guía. Es nuestro deseo que entiendan que cuando se toman el tiempo de alinearse con *todo lo que ustedes son,* antes de intentar ofrecer su guía, su influencia es mucho más poderosa. En palabras sencillas, cuando intentas guiar a tus hijos desde tu lugar de ira o frustración, debido a que estás fuera de alineación con Tu Ser, tu influencia es endeble. Sin embargo, cuando ofreces tu guía mientras estás plenamente conectado a *todo lo que eres,* es poderosa.

Podrías encontrar aquí la parte divertida, si te lo propones: "La conducta de mis hijos me llena de tal frustración e ira que pierdo mi habilidad para guiarlos, y cuanto más lo intento, más inútil es". Pero cuando te tomas el tiempo de alinearte con *quien eres en verdad,* entras en la poderosa Corriente que está fluyendo hacia todo lo que deseas.

Cada vez que eres testigo de la discordia entre tus hijos, envías un proyectil personal de deseos respecto a su relación, pues desde tu posición estratégica personal, ellos te han ofrecido, con detalle, distintas experiencias, las cuales han causado que evolucionen tus preferencias personales. Y tus preferencias personales *son* tu responsabilidad. Ahora, tu trabajo es sencillo: *Debes alinearte con tus deseos.*

La razón por la que los dimes y diretes de tus hijos te molesta tanto ahora mismo es porque esa conducta no corresponde con la idea que sus dimes y diretes te han a ayudado a crear. De hecho, incluso antes de que ellos nacieran, cuando observabas los hijos de otras personas, estabas enviando tus deseos hacia tu Depósito Vibratorio. Incluso, antes de *tu* nacimiento físico, ya estabas consignando en ese Depósito Vibratorio. No nos sorprende entonces que, ahora mismo, al ser testigo de algo en extremo opuesto a lo que has llegado a desear, sientas la discordia. No se trata solamente de que ellos estén practicando malos hábitos de conducta que te están perturbando. *Tu visión de ellos está causando que fluyas de forma opuesta a la Creación en evolución de este tema.*

Si pudieras aceptar que tu incomodidad se refiere, sencillamente, a tu diferencia vibratoria (lo que estás viendo contra lo que está en tu Depósito Vibratorio), y no realmente respecto a lo que tus hijos están haciendo (sobre lo cual no tienes control), comenzarías a demostrarte que puedes elegir pensamientos que te permitan sentirte bien (sin importar lo que ellos estén haciendo); y cuando lo logres, tu poder de influencia será tremendo.

Entonces, según lo vemos ahora mismo:

- Observas la mala conducta de tus hijos.

- Te sientes mal.

- Piensas que te estás sintiendo mal debido a su conducta, pero, en realidad, te sientes mal porque estás fuera de alineación con tus propios deseos.

- Entonces ignoras lo que tus hijos están haciendo y usas tu habilidad personal para enfocarte de manera que te puedas sentir bien.

- Y al hacerlo, estás completamente conectada con *quien eres.*

- Y, además, eres un Correspondiente Vibratorio con la visión de niños felices disfrutando de su mutua compañía que has estado creando durante tanto tiempo.

- Y con toda esa alineación, ahora estás plenamente Conectada con *quien eres en verdad;* a los recursos del Universo (que crea mundos); a tu *Ser Interior;* y a los deseos que has puesto en movimiento respecto a tus hijos, a tu familia y a tu vida.

- Ahora tus palabras y tu conducta están perfectamente sincronizados, evocan menos resistencia de parte de tus hijos y producen un cambio más positivo.

Pero no estás creando a través de las palabras ni de la acción, estás creando a través de tu alineación personal con la vibración de tus propios deseos.

Entonces cuando piensas en que tu hijo o tu hija debe actuar diferente, sientes que se avecina una fuerte lucha dentro de ti. Pero cuando piensas en guiar tus propios pensamientos, puedes sentir esa posibilidad. Incluso, con el tiempo, sientes su simplicidad.

Por consiguiente, cosas maravillosas están a punto de ocurrir en tu experiencia. No solamente te sentirás mejor de inmediato eligiendo deliberadamente tus propios pensamientos, sino que también producirás un cambio en la conducta de tus hijos (con la ayuda de la *Ley de Atracción*) sin que nadie lo sepa. Y encima de todo, a través del poder de tu propio ejemplo, le enseñarás a tus hijos el valor y el poder de tu alineación personal. *Mostrarle a alguien cómo alinearse con la Fuente —frente a circunstancias que no inspiran a hacerlo con facilidad— es la guía más valiosa que puedes llegar a ofrecer. Es la única guía que tuviste la intención de ofrecerle a tus hijos: el poder de guiar sus propias vidas.*

Comencemos el *Proceso a favor y en contra de la corriente*, y, como siempre, comienzas donde estás, porque no puedes comenzar en un lugar distinto a donde estás.

Mis hijos me están volviendo loca. (Contra la corriente)

Pelean constantemente. (Contra la corriente)

No puedo encontrar la manera de que dejen de hacerlo. (Contra la corriente)

No me escuchan. (Contra la corriente)

Algún día se arrepentirán de haberse tratado de esa manera. (Contra la corriente)

No sé qué hacer. (Contra la corriente)

He intentado todo lo que se me ha ocurrido. (Contra la corriente)

Es natural que al comienzo, tus declaraciones estén dirigidas *contra la corriente*. Pero recuerda que tu labor en este proceso no es solamente señalar lo obvio ni tratar de concebir la acción que debes tomar para cambiar las cosas, tu labor es, simplemente, encontrar un alivio en tus propios pensamientos.

Incluso, el más leve alivio es una indicación de que has liberado un poco de resistencia Y con mucho menos esfuerzo que intentar producir algún tipo de cambio en la conducta ajena, puedes liberarte de los remos, y *tu* bote se dirigirá en el flujo *a favor de la corriente*; luego, comenzarán a llegar más declaraciones de alivio, y, con el tiempo, fluirás alegremente hacia una mejoría en la conducta de tus hijos. *Tu poder de influencia, tu habilidad para evocar diferentes conductas en los demás, dependen de tu propia alineación con tus deseos. Debes sentirte mejor antes de atraer algún cambio.*

Su relación, en verdad, es asunto de ellos. (A favor de la corriente)

Es probable que ellos no sientan ni remotamente la misma emoción negativa respecto a su relación que la que yo siento. (A favor de la corriente)

Si eres capaz de mantenerte en alineación vibratoria con esta última frase por uno o dos días, será suficiente como para provocar una alteración en tu vibración; suficiente como para provocar un cambio. Pero puesto que la última frase se te acaba de ocurrir, y no es la forma en que normalmente observas la situación, es probable que tus pensamientos regresen a unos más típicos *contra la corriente*. Entonces, con el fin de mantenerte en un terreno vibratorio apto, por llamarlo así, es útil intentar mantenerte ahí un poco más de tiempo, buscando más declaraciones de alivio. *Cuanto más tiempo permanezcas en los sentimientos mejorados de alivio, esos pensamientos agradables atraerán más otros pensamientos agradables, hasta que, con el tiempo, estarás en alineación con tu propio deseo.*

Eran preciosos cuando eran pequeños. (A favor de la corriente)

Durante mucho tiempo se llevaron muy bien y jugaron juntos. (A favor de la corriente)

Es normal que cuando estés buscando pensamientos de alivio, te encuentres con una afirmación que pensabas que te haría sentir mejor, pero que en realidad te hizo sentir peor. Algunas veces, cuando buscas un pensamiento de mejoría, solamente amplificas lo mucho que en verdad deseas algo que ahora mismo *no* posees.

Entonces, en vez del sentimiento de *alivio* que estabas buscando, tienes un sentimiento mayor de inconformidad, pero esto no quiere decir que estés perdiendo terreno en tu proceso de ir *a favor de la corriente*.

Recuerda: *Lo que sientes ahora está relacionado solamente con lo que acabas de sentir. Por eso es que este es un ejercicio flexible y fluido, en donde puedes moverte en cualquier momento en la dirección que elijas. No pierdas la visión de tu objetivo, el cual es encontrar alivio, encontrar alivio, encontrar alivio... Si un pensamiento te hace sentir peor que uno anterior, no es un problema. Sólo busca más alivio. Y con el tiempo —y por lo general en un corto periodo de tiempo—, encontrarás lo que estás buscando.*

Es normal que los niños peleen.

Es parte de su camino para descifrar la vida.

Tienen el derecho de responder francamente a su entorno.

A ellos, como a mí, no les gusta sentirse mal.

Si en verdad *no les gusta sentirse mal, encontrarán la forma de dejar de hacerlo.*

Voy a dejar de añadir mis reacciones negativas a la situación.

Voy a dejar que ellos lo resuelvan.

Será interesante ver cómo se resuelven las cosas.

En verdad, lo he estado convirtiendo en un drama mayor de lo que es.

Es divertido ver la importancia que le he estado prestando a esto.

Se siente bien recobrar mi perspectiva.

En verdad son chicos grandiosos.

Todos estamos juntos en esto.

Me gusta saber que tengo el poder de controlar mis propios sentimientos.

Me gusta la idea de influenciar a mis queridos hijos para que se sientan mejor.

Me gusta saber que ellos eligen cómo sentirse.

Me encanta saber que puedo elegir cómo sentirme respecto a cómo se sienten ellos.

Tu percepción de tus hijos y sus peleas han originado que añadas a tu Depósito Vibratorio. Tus deseos respecto a estas relaciones personales entre la familia han evolucionado tremendamente debido a tu exposición a ellas; y ahora, debido a tu disposición para dirigirte *a favor de la corriente* hacia la relación evolucionada, estás fluyendo hacia tus ideales.

No solamente nada malo ha ocurrido aquí, sino que, además, todo va exactamente como sabías que iría una vez que tomaste la decisión de venir a este cuerpo físico. Viniste a vivir la vida, a identificar cosas que deseas, y luego, a prestarle tu atención plena a estos deseos. Eso es de lo único que se trata la Creación Deliberada.

৩৩৩ ৯৯৯

Ejemplo 4

Soy totalmente desorganizado

Ejemplo: "Me gusta ser una persona organizada, pero no lo consigo. Estoy interesado en una gran variedad de temas y todos incluyen una cierta variedad de cosas. Por lo tanto, mi casa está llena de cosas que me interesan hasta el punto en que en todos los lugares hay desorden.

"Parece ser que siempre encuentro el tiempo para pensar en nuevos proyectos y coleccionar más cosas relacionadas con estos, pero no encuentro el tiempo para poner en orden mis cosas. Paso mucho tiempo buscando cosas. En ocasiones, decido dedicar un día a limpiar y organizar todo, pero me quedo atascado casi siempre que empiezo a hacerlo, porque me siento muy abrumado ante la idea.

"Sé que debería deshacerme de la mayoría, pero no logro hacerlo ante el temor de que tan pronto los deje ir, los necesite o los desee por alguna razón. Por lo cual, sigo recolectando cosas y éstas ya me sobrepasan. No puedo delegar estas labores de organización a nadie más porque no saben lo que es importante para mí. Si alguien más *llegara* a organizarlo, tampoco sabría dónde encontrar mis cosas. Sé que debo limpiar este desastre y volverme una persona organizada, pero me siento paralizado".

Esta es una buena oportunidad para señalar el efecto que la *Ley de Atracción* tiene sobre ti en cualquiera que sea tu situación actual.

Observas todo tu desorden, el cual ocasiona que te sientas abrumado, y al sentirte abrumado, eres incapaz de resolverlo. Quizá, entonces, puedes reconocer que tu labor ahora mismo no es lidiar con el desorden, pues ya reconociste que estás paralizado y *que no puedes* manejarlo. *Primero, debes encontrar una manera de mejorar tu estado emocional, y una vez que te sientes mejor emocionalmente, descubrirás una manera de organizar las cosas físicas. Es decir, primero debes manejar la desorganización en tu mente, y luego, podrás lidiar con su manifestación externa.*

Debería deshacerme de estas cosas.

Debo de estar loco para haber llegado a acumular tanta basura.

¿Qué habré estado pensando?

Pero cuando llego a salir de algunas cosas, antes de darme cuenta, comprendo que sí las necesitaba.

Cada vez se pone peor.

Nunca he sido organizado.

Todas estas afirmaciones son válidas, y todas van *contra la corriente*. Además, todas representan lo que sientes. Pero ahora, en vez de afirmar cómo *están* las cosas o cómo *han sido*, intenta hacer afirmaciones que te hagan sentir mejor. Es decir, tu meta no es hacer afirmaciones válidas de verdades respecto a lo *que es*, sino, más bien, hacer afirmaciones que ofrezcan un sentimiento de alivio. Si puedes encontrar un poco de alivio consistente respecto al tema, tu Energía dará un giro radical, y el sentimiento de sentirte paralizado será reemplazado por ideas de acciones que te hacen sentir bien. Una mejoría en lo que sientes significa una mejoría en la alineación de las Energías entre tú y tu *Ser Interior: resistir* o *permitir contra la corriente* o *a favor de la corriente*.

No hay nada de malo en ir en pos de mis intereses.

Es lógico que acumule materiales que apoyen mis intereses.

Muchas personas tienen intereses o pasatiempos que les atraen.

Puedo recordar mi entusiasmo al encontrar muchas de estas cosas.

Puedo notar cómo mi interés en estos temas ha causado que encuentre cosas que apoyan mis intereses.

Así funciona la <u>Ley de Atracción</u>.

No tengo que deshacerme de <u>todo</u>.

No tiene nada de malo que acumule cosas que me interesan.

Encontraré la forma de guardar todo y de catalogarlo para encontrarlo cuando lo desee.

No tengo que hacerlo todo de una vez.

He vivido así por un tiempo, y no es nada urgente ahora.

Con el tiempo, sabré qué hacer con todo esto.

De igual forma que he disfrutado al encontrar estas cosas, también disfrutaré al organizarlas.

Es de mucho valor advertir que aunque nada ha cambiado en lo exterior, el sentimiento de agobio se ha ido porque te has enfocado en pensamientos que te han regresado a tu alineación con *quien en verdad eres*. Deseamos que sepas que cada vez que eliges pensar en cosas desagradables respecto a ti (o a los demás), te estás oponiendo a tu *Ser Interior,* el cual sólo siente amor por ti. Cuando te degradas, te censuras o te criticas, estás fuera de alineación con tu parte mayor, y no existen pensamientos más destructores que aquellos en que te denigras. Cuando te ofreces el beneficio de la duda, te realineas con *quien en verdad eres*.

Algunos dicen que rehusarte a admitir tus propios defectos es un estado de negación que no es sano. Respondemos que señalar tus propios defectos es el estado mayor de negación, porque te separa de *quien en verdad eres*.

Algunas personas critican a quienes sólo buscan sus propios aspectos positivos, llamándolos arrogantes o egoístas. Insistimos en que ser egoístas es algo bueno, pues cuando les interesa lo suficiente alinearse con su parte mayor de lo que son, aunque ciertamente es para el beneficio propio (y lo saben porque se sienten mucho mejor), se encuentran en este momento en una posición de servicio valioso para los demás. Pero en su depresión, no le son de utilidad a nadie, pues están separados del Flujo de Bienestar desde el cual pueden ofrecer su valor.

Ejemplo 5

Mi ex-esposo me está calumniando

Ejemplo: "Estuve casada durante más de diez años y tuvimos una hija que ahora tiene diez años. Nos divorciamos el año pasado y mi ex-esposo y yo compartimos la custodia de nuestra hija. Vivimos en la misma ciudad y la niña puede ir de una casa a la otra con relativa facilidad. Además, estamos bien organizados en cuanto a esto y todo funciona bastante bien.

"En nuestro convenio de divorcio, estuvimos de acuerdo en que nuestra hija estaría en mi casa durante la semana y pasaría la mayoría de los fines de semana con su padre. (Pasa algunos fines de semana conmigo, pero la mayoría con su padre, y nos turnamos en los cumpleaños y las fiestas, sin importar si cae en medio de la semana o durante el fin de semana). Ella es una niña fantástica y parece sentirse bien con este plan, aunque a veces cuando regresa de la casa de su padre, me parece verla un poco indispuesta. A menudo está irritable y es obvio que algo la está molestando.

"Desde hace poco tiempo he notado que su padre a veces hace comentarios negativos respecto a mí, lo cual no me sorprende pues tampoco me siento muy bien respecto a él. Pero él está inventando cosas. En realidad, mucho de lo que escucho son puras mentiras, y me preocupa que le esté diciendo estas falsedades a mi hija con el fin de crear cizaña entre las dos. Me temo que ella le crea a *él*, y que nos distanciemos las dos. Deseo defenderme, pero puesto que no sé exactamente lo que él está diciendo de mí, no sé cómo hacerlo. Tampoco sé a quién más le está diciendo estas cosas, ni qué les está diciendo a los *demás*. ¿Qué puedo hacer para detenerlo?".

Si no lograste la armonía con esta persona mientras estuviste casada con él, sabemos que no te sorprende que estés encontrando dificultades en lograr la armonía después de tu divorcio, pero *es* posible. De hecho, si comprendes que el tiempo que pasaron juntos hizo que se expandieran en una variedad de formas, podrían beneficiarse dramáticamente de su relación aunque el matrimonio haya terminado.

Lo que más deseamos que comprendas es que aunque tu matrimonio ha terminado, tu relación con esta persona no ha terminado. Ni lo hará jamás. Esta es una de las cosas más perturbadoras que la gente descubre después de un divorcio o de una separación de una antigua pareja. En medio de una emoción en extremo negativa respecto a una situación que están viendo, piensan que la separación de esta persona resolverá la mayoría de sus problemas. Pero la mayoría de la gente encuentra poca o ninguna mejoría en cuanto a lo que siente por su ex-pareja después del divorcio. De hecho, muchos se esfuerzan tanto por justificar por qué el divorcio fue una buena idea, que se mantienen en alineación vibratoria con todo lo que no querían inicialmente de esta relación. Entonces, ahora, aunque ya no viven en el mismo espacio, la presencia desagradable de la otra persona permanece a diario incluso cuando no se ven ni se relacionan cara a cara. Debido a que sus vibraciones no han cambiado, aunque los detalles físicos de sus vidas juntos hayan cambiado, la siguiente relación estará cargada de los mismos asuntos sin resolver de la anterior.

Recuerda que esta relación, por muy desagradable que haya sido, hizo que evolucionaras; y tu *Ser Interior* permanece, ahora mismo, como la expresión vibratoria de ese Ser expandido. Si puedes encontrar ideas que te hagan sentir bien y entrenarte a través de la práctica para mantenerte en alineación vibratoria con esos pensamientos, puedes beneficiarte de la experiencia. Pero solamente si encuentras y mantienes ideas que te hagan sentir bien, podrás lograr cerrar esa brecha y ser en verdad el Ser expandido en el que tu vida te ha convertido.

Comencemos por buscar algunos pensamientos *a favor de la corriente*. Comienza donde estás:

Me alegro de no tener que vivir con él.

Supe casi desde el principio que no funcionaría.

No sé por qué me quedé tanto tiempo con él.

No me sorprende que siga intentando causar problemas.

Detesto no poder defenderme de sus mentiras.

Es tan inseguro y no creo que llegue a cambiar.

Nunca lograré deshacerme del disgusto causado por esta relación.

Siempre estaré vinculada a él por nuestra hija.

Los pensamientos que se sienten mejor no brotan de ti sólo porque decidas que quieres encontrarlos, pues la *Ley de Atracción* no te ofrece pensamientos que tiendan a ser opuestos a tu vibración actual. Y puesto que llevas mucho tiempo teniendo estos pensamientos desagradables respecto a esta persona, no vas a cambiar de repente hacia los pensamientos que se sienten maravillosos. Pero eso no hace falta. Sólo tienes que cambiar un poco.

Lo único que en verdad hace falta para comenzar a dirigirte hacia el Flujo, y hacia una mejoría en la situación, es que dejes de luchar en su contra. Sencillamente, es cuestión de liberarte, haciendo lo mejor que puedas de los pensamientos desagradables. Cada vez que lo haces, sientes un poco de alivio que te parecerá que se convierte en un pequeño impulso inicial *a favor de la corriente*, haciendo que ahora sea posible encontrar otro pensamiento de alivio... y así sucesivamente.

Tu meta, ahora mismo, es dejar de remar <u>contra la corriente.</u> Deja de intentar defenderte, o defender tu posición o tu decisión de divorciarte, o si tienes o no la razón. Deja de defenderte de todo, sólo flota en tu bote.

Estoy cansada de esta lucha.

No quiero pelear.

Comparadas con las declaraciones previas que fluían con tanta hostilidad, estas declaraciones representan una gran mejoría y puedes sentir alivio. No es necesario que sigas haciéndolo en una sola oportunidad hasta que te sientas de maravilla. Algunas veces es suficiente liberar un poco de presión y dejar de luchar *contra la corriente...*; pero si sientes que puedes continuar un poco más, hay un gran valor en el beneficio del impulso adicional que logres conseguir.

Es bueno que estemos divorciados.

En realidad, no es la culpa de nadie.

Fue una decisión mutua.

Me alegra que vivamos lo suficientemente cerca como para que nuestra hija pueda pasar tiempo con los dos fácilmente.

Las cosas están mejores ahora que cuando vivíamos en la misma casa.

Algunas veces, con sólo un poco de esfuerzo puedes traspasar a un lugar en donde te sientes mucho mejor. Si eso ocurre, aprovecha el momento y haz más afirmaciones positivas *a favor de la corriente.*

Comprendo que siempre tendremos una relación.

En verdad, quiero sacar el mejor provecho de la situación.

No quiero privar a mi hija de su padre.

No creo que él quiera privarla de su madre.

No creo que sea el tema más frecuente de las conversaciones entre ellos.

Los dos hemos seguido adelante con nuestras vidas.

Quiero que mi hija se sienta bien respecto a sus padres.

Quiero que mi hija se sienta bien respecto a mí.

Incluso, deseo que mi hija se sienta bien respecto a su padre.

No hay razón para seguir esta lucha.

En verdad, no tengo interés en pelear.

Ahora bien, puede parecer que usamos palabras que eludieron el tema más profundo, el de que "su padre a menudo hace comentarios negativos respecto a mí..., inventa cosas..., mucho de lo que escucho son puras mentiras... Tampoco sé con quien más está hablando ni qué les estará diciendo...", y así es. Hemos evitado deliberadamente los asuntos más incómodos en el comienzo del proceso pues, al hacerlo, es más probable que encuentres alivio a través de tus pensamientos mejorados.

Si estás consciente de lo que sientes y buscas consistentemente pensamientos que te produzcan una emoción mejorada de alivio, con el tiempo, estas emociones negativas intensas se disiparán; no porque tu ex-esposo haya cambiado, sino porque habrás llegado a tu alineación con quien te has convertido debido a esta relación.

Cuando comprendes el valor de cerrar tu brecha vibratoria y de permitirte ser el Ser expandido que tu vida ha causado que seas, puedes, en verdad, llegar a un lugar de adoración hacia ese villano de tu ex-marido que te causó, en apariencia, tanto daño... Pero todo a su debido tiempo.

ᴥᴥᴥ ᴥᴥᴥ

Ejemplo 6

Mi esposo me dice cómo
debo conducir el auto

Ejemplo: "Soy buena conductora. Jamás he tenido un accidente y he conducido durante mucho tiempo. No tengo un sentido muy bueno de la dirección y, en verdad, no soy muy buena con los mapas, pero una vez que conduzco a un lugar, por lo general, recuerdo cómo regresar.

"Mi esposo y yo pasamos mucho tiempo en el auto y él prefiere que yo conduzca, pero quiere tomar todas las decisiones respecto a mi forma de conducir. Está sugiriendo, constantemente, que cambie de carril o que me adelante a un camión, incluso, quiere elegir la manera en que conduzco en los estacionamientos. Existen tantas opciones diferentes que uno puede tomar mientras conduce, la mayoría de las cuales conllevan a resultados casi idénticos, que no veo por qué es mucho mejor un camino u otro para salir de un estacionamiento. Y a veces, aunque *su* idea parece un poco mejor que la mía, percibo como si la mente que está tomando las decisiones no estuviera unida al cuerpo que está maniobrando el auto, en consecuencia, siempre me siento molesta cuando mis impulsos naturales están continuamente siendo contrarrestados por *sus* instintos.

"En verdad, creo que si él desea conducir, debe colocarse tras el volante; y cuando sea mi turno él debería dejarme conducir; y que debe haber algún acuerdo tranquilo mediante el cual, mientras yo manejo, él pueda ofrecer una sugerencia útil sin invalidar todas mis preferencias.

"Estoy constantemente atormentada; incluso cuando me estaciono dando marcha atrás, me pregunto si mi elección natural basada en cómo veo el auto colocado, va a interferir con sus sugerencias. No es agradable conducir en esas condiciones; y, probablemente, tampoco es seguro. Me veo dudando como una loca en vez de llevar a cabo la decisión que he tomado".

Es importante notar que las experiencias que tienes son experiencias de cocreación. Es decir, tu esposo no te está haciendo esto *a* ti, sino, que los dos, con el tiempo, han creado este escenario. Puede haber comenzado durante un incidente en que, en verdad, tú *no* pudiste decidir qué camino tomar y tu pareja tenía una visión clara sobre la mejor ruta.

Con frecuencia, una recomendación desde otro punto de vista puede ser muy útil. Sin embargo, lo que está ocurriendo ahora es que te sientes tan inquieta por las constantes sugerencias, que estás fuera de alineación contigo misma. Y en esta falta de alineación, estás actuando con dudas, lo cual hace que tu pareja sienta que debe guiarte aún más. Y se convierte en un ciclo incómodo en el que estás fuera de alineación, entonces conduces de forma menos eficiente y menos enfocada, mientras él desea ayudarte, lo cual hace que estés más fuera de alineación, entonces conduces de forma menos eficiente y menos enfocada, porque él desea ayudarte... Ambos han desarrollado no sólo patrones habituales de acciones y palabras, sino también pensamientos y sentimientos respecto a la situación.

Desde tu lugar de desagrado y frustración, no puedes encontrar una solución. Tu forma de conducir no puede mejorar (y notamos que no pareces ver una razón para mejorar tu forma de conducir, porque no crees que eso sea el problema). Pero tampoco sabes cómo solicitar algo de tu pareja. Entonces, a menos que cambies lo que sientes respecto a esta situación, nada va a mejorar.

Muchas personas que observan este escenario pueden sugerir que lo dejes conducir a *él*, o que vayan en autos separados, o que le digas que se ocupe de sus cosas y se guarde sus comentarios. Pero entonces, tú misma has dicho que hay ocasiones en que sus sugerencias son muy útiles.

No es posible orquestar ni legislar patrones de conducta sin introducir un obstáculo aún mayor a la situación. En otras palabras, si le dijeras que no deseas que interfiera con tu forma de conducir ofreciéndote sugerencias, te privarías de otro punto de vista que a menudo encuentras en extremo útil. No es posible decirle a alguien en ninguna situación: "Deseo que *siempre* hagas esto, o *siempre* hagas aquello". En aras de simplificar sus vidas, ustedes creen que desean eso, pero, en verdad, no es práctico.

Lo que realmente desean es alinearse con su Perspectiva Más Amplia para poder recibir los beneficios de esa visión. Lo que en verdad desean es alinearse de tal forma con los recursos totales de su Ser, que se destaquen en cualquier cosa que hagan.

Te prometemos que cuando estés alineada con esa Perspectiva Más Amplia, estarás actuando desde un lugar de destreza, claridad y precisión. Tus instintos se agudizan y se aclaran, y tomas buenas decisiones. Y aunque tu pareja siga deseando participar contigo en la toma de las mejores decisiones posibles cuando se desplazan en su vehículo, ya no te ofrecerá sus sugerencias porque dude de tus habilidades, sino, más bien, debido a su deseo de participar y cocrear productivamente.

No tienes forma de cambiar a tu pareja. No puedes modificar tu conducta lo suficiente como para aliviar eso, pero *puedes* alinearte con tu Ser, y cuando lo haces, todo mejora.

Entonces, una vez más, tu trabajo es el mismo. Ofrece declaraciones desde donde estás, pero haz un esfuerzo por encontrar pensamientos que te hagan sentir bien, *a favor de la corriente,* respecto a este tema, que te alineen con *quien en verdad eres.*

Algunos nos dicen: "Abraham, es muy molesto, por decir poco, que todas las sugerencias que ofreces son respecto a lo que *yo* debo hacer. Nunca sugieres que las otras personas en mi vida cambien. No creo que sea justo que sea siempre yo quien deba hacer el esfuerzo o realizar los cambios". Y comprendemos por qué les molesta que nuestras sugerencias estén siempre dirigidas a ustedes y a las decisiones que están tomando. Pero ustedes pueden elegir observar esto *contra la corriente* o *a favor de la corriente.*

Siempre tengo que ser yo el que cambie. (Contra la corriente)

Tengo el poder de afectar mi propia vida. (A favor de la corriente)

Cuando piensas que los demás deben hacer algo distinto de lo que están haciendo para que tu vida sea mejor, pierdes tu poder, porque no puedes controlar las acciones ajenas. Entonces estos son siempre pensamientos que van *contra la corriente*.

Pero cuando comprendes que puedes controlar lo que sientes eligiendo tus pensamientos, y que con la práctica puedes llegar a alinearte con *quien en verdad eres,* en cualquier tema, entonces no sólo estás en control total sobre lo que sientes, sino que tu vida se desarrolla de una manera agradable. Estos son pensamientos *a favor de la corriente*.

Si intentas dilucidar la razón por la cual tu esposo se comporta como lo hace (*¿Habrá tenido una mala experiencia con conductores en el pasado...? ¿Se sentirá aburrido si no se involucra...? ¿Tendrá un problema de control...? ¿Será que conduzco tan mal que evoco este tipo de reacción de su parte...?*), te volverás loca. Las cosas sólo empeorarán. No tienes que comprender las cosas que han llevado a la situación actual, pero debes dejar de ofrecer la vibración, aquí y ahora, que corresponde con ésta.

Observar lo *que es* sólo lo perpetúa. Intentar saber cómo empezó sólo lo perpetúa. Tomar acción sintiendo emociones negativas sólo lo perpetúa. Solamente lograrás mejorar la situación una vez que has mejorado como te sientes.

Comienza, entonces, donde estás y busca pensamientos que te hagan sentir mejor, que estén *a favor de la corriente*. Advierte la mejoría gradual cuando haces una afirmación y, luego, intenta buscar que el siguiente sentimiento sea aún mejor:

No me gusta la forma en que mi esposo intenta guiar cada uno de mis movimientos mientras conduzco.

Si está tan seguro de que sabe todas las respuestas, debería conducir él.

A veces, llega a sugerir algo útil.

Como no tiene que observar por donde voy, puede buscar opciones alternativas.

Dos cabezas a menudo piensan mejor que una.

Nunca se molesta cuando cometo un error mientras conduzco.

No está tratando de hacerme sentir mal.

Sus sugerencias son bien intencionadas.

Cuando fluimos juntos, ¡vaya si lo hacemos!.

Es agradable tener una pareja que se interesa.

Se siente que estamos juntos en esto.

Aprecio su interés.

Aprecio su ayuda.

Sé conducir muy bien.

Sé conducir muy bien y tengo un buen ayudante.

Hacemos un buen equipo.

Ejemplo 7

No soy feliz en mi trabajo

Ejemplo: "Hace poco menos de un año que estoy en una compañía, y hago un buen trabajo. Es un negocio pequeño de familia con unos veinte empleados. Varios de los empleados son parientes de los dueños, pero no la mayoría. Soy el empleado más reciente, y me contrataron para labores muy específicas, pero, siendo un pequeño negocio, es fácil involucrarse en más cosas de las que estoy encargado. Soy bueno en lo que hago, más rápido que la mayoría de la gente, y me encanta trabajar aquí.

"Sin embargo, me molesta darme cuenta de que la mayoría mis colegas hacen mucho menos de lo que son capaces. Todos como que se limitan a hacer menos de lo que podrían, y puedo sentir su resentimiento cuando trato de hacer mi trabajo lo mejor posible. Cuando hago un mayor esfuerzo en mi práctica, ellos parecen creer que estoy estableciendo estándares demasiado elevados que ahora todos deben cumplir; por lo que advierto que me desacreditan de formas sutiles; y a veces, no tan sutiles.

"Me gustan todos los aspectos de mi trabajo en este lugar, y puedo, básicamente, ocuparme de cualquier asunto y resolver lo que haya que resolver, pero he notado que casi todos los demás intentan dirigir *sus* actividades laborales hacia las cosas que *ellos* prefieren hacer, y me dejan lo que menos les gusta hacer a mí y a otros dos empleados nuevos. Siempre me digo que debería hacer algo al respecto, pero no quiero ocasionar problemas. Y tampoco quiero ser el blanco de su ira.

"Estoy pensando en dejar este empleo y conseguir uno nuevo, pero ya es la tercera vez que lo hago, y pareciera que en cada trabajo encuentro una situación similar; quizá, entonces, todos los empleos comparten el mismo ambiente. Además, cada vez que voy a un lugar nuevo, tengo que aprender desde el comienzo cómo funciona todo, adaptarme y comenzar con un salario más bajo.

"No sé qué hacer, no quiero dejar mi trabajo, pero tampoco quiero quedarme. Voy a tener que ganarme la lotería".

Es valioso reconocer que hay cierto patrón aquí, en donde sigues encontrándote en ambientes laborales similares. Eso ocurre porque cuando observas cosas en tu situación presente (deseadas o indeseadas), activas esas cosas observadas en tu vibración, y luego, la *Ley de Atracción* te las brinda en tu nuevo ambiente, y así por el estilo.

Aquello que está más activo en tu vibración, es lo que seguirá ocurriendo en tu experiencia. Muchas personas sufren con esta idea porque les parece difícil no observar lo que ocurre a su alrededor; y el problema de ser un observador tan agudo es que cuando adviertes cosas indeseadas, estás, al mismo tiempo, atrayendo *más* de esas cosas indeseadas. Pero hay aspectos positivos en ver lo que no deseas: cada vez que observas algo que no deseas, lanzas de forma automática un proyectil de deseos, pues siempre sabes con mayor claridad lo que *deseas* cuando observas algo que *no* deseas.

Entonces, cuando observas cosas en tu ambiente laboral que parecen injustas o inapropiadas, estás, en esos momentos, creando un *Depósito Vibratorio* de un ambiente de trabajo mejorado, y tu *Ser Interior* se ha enfocado ahora en esas mejorías. Y, de hecho, las emociones negativas surgen porque *sigues* enfocado en lo *que es* indeseado, mientras que tu *Ser Interior* ha avanzado hacia la idea mejorada.

El siguiente *Proceso en contra y a favor de la corriente* te ayudará a alinearte con lo que deseas *ahora* de tu ambiente laboral:

No creo que sea correcto que la mayoría de la gente en su trabajo, se ciña por la regla del menor esfuerzo.

Me incomoda muchísimo verlos aceptar dinero sin realizar su trabajo.

Parecen creer que si se presentan a trabajar, ya se han ganado su salario.

Parecen creer que les pagan por estar en el lugar, ya sea que hagan algo o no hagan nada.

Cuando trabajo como pienso que debo hacerlo, desentono tremendamente con los demás.

Los dueños de la compañía no tienen ni idea de lo que ocurre en su negocio.

Creo que si lo supieran, despedirían a casi todos.

Cuando tienes opiniones radicales hacia cualquier situación, es muy probable que al comienzo del ejercicio hagas varias declaraciones en *contra de la corriente*, que solamente expresan tus sentimientos actuales. Recuerda que la *Ley de Atracción* siempre resalta lo que esté más activo en tu vibración, por lo tanto, es natural que cuando estás irritado respecto a algo, esos factores irritantes sean los pensamientos que te acontecen más fácilmente. Recuerda también, que el propósito del *Proceso a favor y en contra de la corriente*, es aligerar tu apego a estos pensamientos y, sencillamente, hacerte girar *a favor de la corriente* y dirigirte a pensamientos más agradables. Con el tiempo y con enfoque, llegarán a aferrarte, por llamarlo así, a pensamientos más agradables, y tu vida comenzará a mostrar señales constantes de mejoría.

Sigamos entonces tratando de encontrar algunos pensamientos que te ofrezcan una sensación de alivio:

No estoy en un momento crucial en el que tengo que tomar una decisión respecto a quedarme o partir.

En realidad desconozco lo que los dueños saben o no saben respecto a sus empleados.

No me están pidiendo mi opinión, por lo tanto, no estoy haciendo nada malo al no decirles lo que veo.

En realidad, conozco muy poco respecto a las personas que trabajan aquí.

En realidad, desconozco las motivaciones tras sus acciones.

Lo que los demás hagan o dejen de hacer, en verdad no es de mi incumbencia.

Me gusta la variedad de mi trabajo actual.

Casi siempre puedo encontrar algo interesante.

Puedo hacer que me parezca interesante cualquier labor que realice.

En verdad, solamente estoy descontento aquí cuando lucho contra alguien o algo.

Poseo la habilidad de mantenerme feliz y en equilibrio si así lo decido.

Me conviene dejar de prestar atención a las opiniones ajenas sobre mí.

En verdad, no tengo forma de saber con precisión las opiniones ajenas sobre mí.

Solamente tengo mi *opinión sobre las opiniones de ellos sobre mí.*

Puedo controlar mis opiniones si decido hacerlo.

Todas mis experiencias ocasionan que pida vibratoriamente, y de forma muy específica, situaciones mejores.

En verdad, todo lo que me molesta de este trabajo me prepara para una experiencia futura mejor.

Qué tan rápido obtenga esa experiencia mejorada depende sólo de mí y de los pensamientos de alineación o de fuera de alineación que elija.

Puedo elegir pensamientos <u>contra la corriente</u> o <u>a favor de la corriente,</u> pero de cualquier forma soy yo quien los elige.

৽ঌ৽ঌ৽ঌ ৶৾৶৾৶৾

Ejemplo 8

Mi esposo y mi hijo adolescente no se llevan bien

Ejemplo: "Tengo un hijo adolescente de un matrimonio previo. Mi esposo actual y mi hijo no se entienden en lo absoluto. No son directamente hostiles, pero mi esposo no deja de molestar a mi hijo para que haga cosas que él no desea hacer.

"Mi hijo es muy inteligente y bastante independiente. Cuando se entusiasma con algo, siempre se destaca, pero le gusta hacerlo a su manera, y no le gusta que lo instruyan ni lo guíen. Es como una lucha constante de poder entre él y mi esposo, y me siento atrapada en el medio.

"Mi esposo tiene opiniones muy firmes respecto a cómo se deben comportar los niños, y se enfurece cuando piensa que mi hijo le falta el respeto a él o a mí. No estoy de acuerdo con el enfoque de mi esposo respecto a esta situación, pero, aún así, deseo apoyarlo.

"Estoy agotada de tanto luchar. Me pregunto con honestidad si las familias con hijos de otros matrimonios llegan en verdad a encontrar la felicidad. ¿Existen padrastros que de verdad amen a sus hijastros?".

Aunque es ciertamente comprensible lo desagradable que se siente estar en medio de una situación de ese tipo, también puede ser muy útil para ayudarte a comprender, finalmente, algo que es de suma importancia: puede ser relativamente fácil lidiar con relaciones con otras personas. Es decir, cuando te piden cosas que los hace sentir mejor, y tú estás dispuesta a hacer las cosas que te piden, puedes mantener una relación bastante compatible.

Siempre y cuando cumplas con las exigencias de la mayoría de la gente, les serás de su agrado, y para muchos individuos, esa es la única forma de lidiar con sus relaciones. Uno de los dos asume el papel dominante. El sumiso se somete y el dominante domina, y los dos aceptan más o menos los papeles que han elegido. (Puede sorprenderte escuchar que la mayoría de las relaciones son así en cierta medida). Pero cuando se incluye una tercera persona en la relación, que también pide cosas distintas de ti, se amenaza la base de tu relación.

En tu situación, tú y tu hijo ya han establecido su relación. Y aunque no te des cuenta, tu hijo ha asumido el papel dominante y tú has asumido el papel sumiso, lo cual se ajusta adecuadamente a sus personalidades. Puesto que tu hijo es independiente —y en un nivel más amplio, autosuficiente—, y puesto que su vida iba por buen camino en cierto grado, no fue necesario que asumieras el control. Pero cuando tu nueva pareja entró en escena y quiso asumir el papel dominante, la situación perdió su equilibrio.

No es tan difícil para ti complacer a una sola persona, pero cuando dos personas desean cosas distintas de ti, debes entonces elegir a cuál de ellas vas a intentar complacer. Y si son como la mayoría de las personas —que creen que sólo se sienten bien cuando evocan de tu parte la respuesta que ellos necesitan— entonces están en verdaderos problemas, porque no puedes servirlos a ambos. En esas condiciones, a cuantas más personas estás tratando de complacer, más fracasas en tu cometido, y más incómodos se sienten *todos*.

De alguna manera, es halagador que seas tan importante para ellos como para que les interese lo que piensas o cómo te conduces, pero es una trampa desde el punto donde lo veas. *Sencillamente, no puedes vivir tu vida tratando de satisfacer los prerrequisitos de los demás. Y la única posibilidad de éxito que tienes en dicho escenario sería limitar dramáticamente tu relación. Es decir, descubrirías que sólo eres capaz de servir a un solo amo.*

Te animamos para que tomes una nueva decisión, aunque es muy probable que las personas en tu vida, que han sido entrenadas a esperar ciertas conductas de tu parte, no se sientan muy contentas con tu nueva decisión. *Decide que, a partir de este momento, vas a trabajar en lograr tu alineación vibratoria entre tú y tu Ser. Es decir, vas a hacer lo mejor posible por alinear tu pensamiento actual con tu versión más expandida, y vas a dejar a todos los demás —y a sus opiniones— fuera de la ecuación.*

Esta nueva decisión, aunque al principio sea inquietante, llegará a ser de gran utilidad para ti, porque, simplemente, no puedes pararte de cabeza de formas lo suficientemente diversas como para llegar a complacer a todos...; y cuando lo intentas, *tú* sufres y, de todas maneras, fracasas en tu intento de complacerlos. Debes decidir complacerte, para alinear tu *ser* con tu *Ser,* para convertirte en un Correspondiente Vibratorio con tu propio *Ser Interior.*

Cuando estás alineada, entonces posees lo mejor para ofrecer, pero requerirá de su decisión para llegar a su propia alineación, para que lleguen a sentirse satisfechos. *Enséñales que su felicidad es su propia responsabilidad, y al hacerlo, serás finalmente libre.*

Comienza entonces por el lugar donde estás, y luego, realiza esfuerzos por mejorar el sentimiento de tus afirmaciones subsiguientes:

Mi esposo y mi hijo no se llevan bien.

Creo que se disgustan mutuamente.

Mi esposo es en extremo sensible y opresivo cuando se trata de mi hijo.

Mi hijo hace que las cosas sean peores de lo necesario, y lo hace a propósito.

Esto es lo que has venido sintiendo. Ahora trata de encontrar afirmaciones que te hagan sentir mejor. Puesto que este es un asunto que aparece con frecuencia en tu vida, tendrás muchas oportunidades de enfrentarlo, y cada vez que te tomes el tiempo de intentar ir *a favor de la corriente* —aunque no haya evidencia obvia de mejoría— tu alineación personal habrá mejorado. Y si eres constante en tu determinación de lograr la alineación personal respecto a este asunto, tu poder de influencia tendrá efecto sobre la situación, y la evidencia física debe llegar. Además, obtienes el beneficio adicional de que te sentirás mucho mejor incluso antes de que *ellos* comiencen a actuar de forma diferente.

Es realmente valioso advertir que una buena parte de su desequilibrio es causado por tu respuesta a lo que está ocurriendo. Ambos están usándote a ti y a tu reacción como parte de su justificación por su propia "pugna", y cuando retiras tu discordia de este conjunto, la situación se suaviza en gran manera. En otras palabras, puede ser que el fuego siga ardiendo, pero ya tú no estarás echándole tu gasolina. Sigue, entonces, buscando declaraciones que te ofrezcan un poco de alivio:

Ambos son buenas personas.

Están tratando de encontrar su lugar en esta nueva combinación familiar.

Hay muchas dinámicas involucradas en esto, pero no tengo que entenderlas todas.

Puedes detenerte aquí. Ahora te *sientes* mejor. En verdad, has realizado tu trabajo por el momento. Pero, si deseas seguir, podrías beneficiarte del impulso inicial en el que estás:

Ahora puedo ver que he estado agravando la situación; y como no deseo hacerlo más, comenzará a mejorar.

Ahora bien, esta declaración puede hacerte sentir un poco más incómoda que las últimas porque estás intentando, una vez más, asumir la responsabilidad de su relación. Solamente *tú* sabes en verdad si una afirmación te hace sentir mejor o peor, sigue entonces haciendo el esfuerzo para girar siempre *a favor de la corriente:*

Esto también pasará.

Mi hijo eventualmente se irá y vivirá por su cuenta.

Este pensamiento puede ser desagradable porque no deseas que tu hijo sienta que no es bienvenido y se vaya. Entonces, cambia la última frase hasta que te sientas bien:

Los hijos desean su independencia.

La mayoría de los hijos desean su independencia mucho antes de obtenerla.

Es natural que los hijos se rebelen contra todo aquel que intenta dominarlos.

Es sumamente natural que los hijos resientan a una persona nueva que intenta dominarlos.

Aunque este pensamiento puede ofrecerte alivio respecto a la conducta de tu hijo, puede hacerte sentir peor respecto a la conducta de tu esposo. Entonces, intenta encontrar un poco de alivio en:

Todo esto es muy nuevo para mi esposo.

Sé que está haciendo lo que cree que es mejor para mi hijo.

Está tratando de encontrar su papel en esta nueva familia.

Ahora puedo ver cómo puedo marcar las pautas en todo esto.

Cuando no dejo que esto me perturbe y mantenga mi equilibrio, tendré un efecto positivo.

Todos deseamos sentirnos bien; y sentirme bien a costa de todo, causará un impacto.

Sentirse bien puede ser contagioso.

Siempre he sido buena para calmar los ánimos.

Me encanta divertirme y ser una persona desenfadada.

Es fácil tomarse la vida demasiado en serio.

Nada ha salido mal aquí.

En la visión global de las cosas, nos está yendo supremamente bien.

Disfrutaré observando la evolución de mis deseos.

Disfrutaré experimentando el beneficio de mi alineación personal.

No tengo la intención de controlar a nadie, pero será muy diver-
tido observar mi poder de influencia.

A medida que practicas y logras pensamientos consistentes *a*
favor de la corriente, tu poder de influencia será tremendo en comparación con el poder de la influencia que posees cuando tus Energías están divididas. El sufrimiento que has vivido ha contribuido
a aclarar los deseos que has establecido, y al practicar estos pensamientos *a favor de la corriente*, te estarás alineando con la versión
expandida de estas relaciones.

ᨑᨑᨑ ᨑᨑᨑ

Ejemplo 9

No logro encontrar mi equilibrio desde que mi padre murió

Ejemplo: "Mi padre murió hace más de un año y no logro superarlo. No entiendo por qué sigo sufriendo tanto. No había vivido con él por más de veinte años, y en los últimos tiempos, apenas lo veía, quizá una vez al año durante los últimos años, y solamente durante una breve visita (incluso, entonces no teníamos mucho que decirnos). Teníamos muy poco en común, ¿por qué entonces su muerte ha sido tan terrible para mí?".

Aunque estás en un cuerpo físico de carne, sangre y huesos, eres más que todo un Ser Vibratorio. Aunque la vibración que ofreces hoy puede ser fresca y nueva debido a tu enfoque actual, muchas personas cargan vibraciones residuales de experiencias pasadas porque es más fácil seguir con el impulso vibratorio de un pensamiento, que elegir una nueva dirección.

Por ejemplo, si algo te ha venido molestando y has estado pensando en esto durante unos días, y luego te involucras en una conversación con alguien que estaba de acuerdo con tu queja, y se une a ti en una larga y detallada discusión al respecto, será más fácil que los dos sigan con el desagradable tema de su discusión a que cambien el tema. Y si otros se les unen, es muy probable que se sientan atraídos hacia el mismo tema debido a la intensidad que los dos han logrado, o dejarían la conversación y se irían; pero es poco probable que sean capaces de presentar un tema nuevo, muy lejano al tema de la discusión que estaba en curso.

De igual forma, en su infancia, al aprender a ofrecer vibraciones como respuesta al ambiente que los rodea, por decirlo así, llegan a establecer sus propios métodos vibratorios. Y puesto que con frecuencia permanecen durante años en esos entornos —y puesto que sus padres a menudo establecen la atmósfera vibratoria en su hogar compartido—, ustedes desarrollan patrones de pensamientos, de vibración, de respuestas a la vida, que aprenden en sus primeros años. Y puesto que es más fácil seguir el impulso inicial de estas vibraciones que cambiarlas, la mayoría de las personas, aunque eventualmente dejan el hogar de sus padres, se llevan consigo muchos de esos mismos hábitos vibratorios.

Aunque posiblemente no estás consciente, muchas de las formas en que respondes hoy a la vida tienen mucho que ver con tu percepción temprana de la vida física. En términos sencillos, aprendiste muy pronto tu visión del mundo; y puesto que era más fácil seguir así que cambiar, tu visión no cambió mucho con el tiempo.

Esto no significa que estabas de acuerdo con todas las *ideas* de tus padres. En realidad, estamos hablando de *vibraciones* que son mucho más profundas que lo que llamarías *ideas*. Conceptos, tales como: *estabilidad, seguridad* o *Bienestar* fueron cultivados en tu ambiente temprano, incluso si ese ambiente, según los estándares del mundo, era considerado como de bajo nivel. De hecho, puesto que todas las cosas son relativas, tu sentido de Bienestar en la vida está profundamente enraizado en aquellas vibraciones tempranas de tu infancia. Y, en muchos niveles inconscientes, has mantenido esas vibraciones activas con el paso del tiempo. *Puesto que la Ley de Atracción responde a la vibración de tu Ser, y puesto que tus vibraciones actuales tienen unos patrones activos que tienen alcance hasta tu pasado, sigues, de esa forma, atada a tu pasado.*

Sin embargo, eres un Ser multifacético, y estás llevando una vida plena y activa ahora. Entonces, aunque mantienes esas bases vibratorias enraizadas en tu infancia, tu naturaleza vibratoria ha madurado y ha evolucionado de tal forma que hoy estás ofreciendo muchas vibraciones que no están relacionadas con tu pasado. Y puesto que esto ha sido una evolución gradual, en realidad, no lo has notado, entonces sigues mirando hacia el futuro, alineándote con los nuevos patrones de pensamientos y manteniendo tu estabilidad. Este es el proceso de evolución que todos los Seres experimentan.

Con la muerte de tu padre, tu atención giró de tu vida presente a tu pasado. Es decir, durante un corto periodo de tiempo, te enfocaste, recordaste y consideraste las experiencias de tu niñez. Hablaste con personas con quienes no habías hablado, ni siquiera pensado en ellas, durante años; y en la intensidad de esos pocos días, reactivaste tu pasado vibratorio, el cual no concuerda con tu vibración <u>actual</u>. Esa es la razón por la cual te sientes fuera de equilibrio.

Entonces, tu vida ha causado que pidas más (has lanzado esos continuos proyectiles de deseos en tu Depósito Vibratorio), y has realizado un excelente trabajo manteniéndote a la par con lo que te has convertido. Pero, de repente, con la muerte de tu padre, al mirar hacia atrás en vez de hacia delante, definitivamente, giraste *en contra de la corriente*, y eso nunca se siente bien.

Si eres como la mayoría de las personas, has vivido una versión del siguiente escenario: naciste. Tu vida hizo que identificaras tus propios deseos, pero tus deseos únicos a veces no les agradaban a tus padres. Ellos trataron de guiarte. Algunas veces cediste, otras no. Cuando te sentías fuerte respecto a algo *te* mantuviste firme; y cuando ellos se sentían fuertes, *ellos* se mantuvieron firmes, pero en la mayoría de los casos, *tú* te mantuviste fuerte, porque era tu vida, no la de ellos. Pero siempre que hacías cosas por complacerlos (o por complacer a alguien más), estabas fuera de tu equilibrio, y entonces cuando hacías cosas que correspondían con tu propio deseo, regresabas a tu equilibrio. Con el paso de tiempo, lo que tus padres pensaran respecto a las cosas, se volvió un factor menos importante en tu equilibrio vibratorio, porque ya no discutías con ellos dichas cosas. Giraste tu atención hacia cosas que no los involucraban, y ellos giraron su atención hacia cosas que no te involucraban.

Siempre es más fácil establecer y mantener el equilibrio de tu vibración, cuando no estás tratando de integrar en tus asuntos lo que otras personas desean de ti. Y si te tomas el tiempo para alinear tus vibraciones, entonces la *Ley de Atracción* no atraerá a personas en tu experiencia que estén fuera de alineación contigo. Pero si no estás en alineación contigo, puedes atraer una mezcla muy intrigante de personas.

Es común que una persona sienta alivio cuando deja un ambiente desagradable, pero entonces, antes de establecer su equilibro vibratorio, se lanza de cabeza en una relación con componentes similares a la última. A menudo, una chica con un padre controlador dejará físicamente su ambiente, solamente para casarse con un esposo muy controlador. Entonces, aunque los rostros y los lugares hayan cambiado, su experiencia general es la misma.

Consideremos los componentes vibratorios de tu relación con tu padre en conexión con ir *en contra* o *a favor de la corriente*. Aunque tu relación con tu padre cambió con el paso del tiempo —y tu equilibrio vibratorio al respecto ha evolucionado continuamente— no tienes otra opción más que comenzar donde estás ahora. Es probable que reconozcas muchos de los pensamientos que han surgido durante este proceso como cosas sobre las que has pensado en el pasado..., cosas que han permanecido inactivas, por decirlo así, que resurgen ahora que tu padre ha muerto.

Es importante comprender que el hecho de que en este momento tengas emociones respecto a los pensamientos, significa que están activos ahora. Y si las emociones que sientes son desagradables, eso significa que los pensamientos que las están causando están *contra la corriente*. Y cualquier pensamiento *contra la corriente* está yendo en contra de tu dirección natural (y de la evolución de tu Ser); por esa razón, es útil suavizar esos pensamientos, encontrar alivio y girar tu bote en la dirección de *quien en verdad eres*. Esa es tu meta en este proceso:

Me siento desanimada.

Estoy verdaderamente deprimida.

No estaba lista para la muerte de mi padre.

No tenía ningún control sobre eso.

Siento no haber pasado más tiempo con él.

Ninguno de los dos, en verdad, disfrutábamos pasar tiempo juntos.

En realidad, no tengo idea de lo que él estaba pensando.

No sé lo que deseaba de verdad.

*Me habría gustado que su vida hubiera sido más satisfactoria
para él.*

Estos pensamientos son verdaderas descripciones de lo que
sientes ahora mismo, y todos están claramente dirigidos *contra la
corriente;* y no hay nada de malo en ello. En las circunstancias,
es normal. Pero incluso así, no armonizan con el flujo de tu Ser,
entonces trata de encontrar pensamientos que ofrezcan alivio:

Siempre deseé una mejor relación con mi padre.

Debí haber hecho más esfuerzo.

No sé qué debí haber hecho distinto.

No teníamos una mala relación.

No estoy segura siquiera si uno la llamaría "relación".

Todavía no hay mucha mejoría, pero tu deseo de encontrar
alivio está creciendo, y estás comenzando un impulso inicial que
podría dar sus frutos, sigue entonces:

Nuestra relación fue como fue.

*Y solamente somos una faceta de nuestras vidas multifacéticas
mutuas.*

*No nací para vivir para él, ni él nació para vivir su vida
para mí.*

Quizá nada salió mal.

Quizá sencillamente fue lo que fue.

Te estás sintiendo mejor. Has dejado de remar *contra la corriente*
por el momento.

Aun así, me habría gustado...

Contra la corriente. Intenta de nuevo:

Fue una base importante de mi existencia, pero ha sido mucho más.

Me siento agradecida por las bases tempranas que me ofrecieron mis padres.

No puedo retroceder y vivir de nuevo mi vida.

No quiero retroceder y vivir de nuevo mi vida.

Mejor. Sigue:

Hay tantas cosas en las que podría pensar.

Hay muchos aspectos positivos en mi experiencia de vida.

Mi pasado siempre será parte de mí, pero mi ahora es lo que más importa.

Estoy bastante feliz con la forma en que se desarrolla mi vida.

Mi vida empezó bastante bien.

Puede haber diferentes capas de vibraciones que surjan a la superficie, pero ahora sabes qué hacer con ellas.

Con frecuencia, cuando muere uno de los padres, se despierta tu propio sentido de mortandad, y comienza a surgir un sentimiento de que la *Vida es demasiado corta.* Existen innumerables escenarios que pueden ocurrir, que pueden ocasionar que sientas momentos de disgusto, pero cuando eso ocurre, tu trabajo es reconocer que los pensamientos desagradables van *contra la corriente...* y ahora, busca un pensamiento que te haga sentir mejor.

A menudo, no es sino hasta que uno de los padres muere que te tomas el tiempo de alinear tus vibraciones. Puesto que unas bases fuertes de tu oferta vibratoria comenzaron cuando todavía vivías en casa de tus padres, es muy común que muchos patrones de pensamientos que te inhiben hoy en día, estén ligados a ese periodo de tu vida. *Con frecuencia, la muerte de uno de tus padres puede ser un punto crucial en tu propia experiencia de vida, si te tomas el tiempo de identificar esos pensamientos desagradables, girarlos a favor de la corriente y convertirlos en sentimientos de alivio. A través de este proceso, puedes liberar con facilidad años de patrones de resistencia ignorados.*

Esperamos que logres llegar a ese lugar en donde, no solamente te sientas mejor que nunca ahora mismo, sino que logres establecer una Conexión Vibratoria evidente con el Ser en el que has evolucionado, revisando tu infancia y tu pasado a través de los ojos de esa Conexión; y luego, tus recuerdos de la infancia serán las dulces evocaciones que siempre deseaste que fueran:

Tuve una infancia maravillosa.

Fue buena en muchos aspectos.

Aprecio a mis padres por darme la posibilidad de venir a esta vida maravillosa.

Ellos me abrieron el camino y luego me dieron la libertad para crear mi propia experiencia de vida.

La vida es buena.

Hay muchas cosas que ocurren en la vida que tienen el potencial de producir intensas emociones negativas en ti cuando te enfocas en ellas, y la mayoría de esas cosas están totalmente fuera de tu control.

No puedes evitar la muerte de tu padre, y tampoco puedes cambiar su personalidad. Pero desarrollando el patrón de siempre buscar un pensamiento que te haga sentir mejor, tienes acceso, ahora mismo —prestando atención a lo que sientes y girando deliberadamente hacia la dirección de tu Corriente natural— a vivir una experiencia gozosa, independientemente de las circunstancias que te rodean.

ঙ্গ ঙ্গ ঙ্গ ৡ ৡ ৡ

Ejemplo 10

Soy una adolescente

Ejemplo: "Estoy todavía en la secundaria. Vivo en casa con mis padres y creo que soy una chica bastante normal. Mis calificaciones son buenas, y aunque odio la escuela, hay muchas cosas que me interesan y tengo un par de amigos muy buenos.

"Mis padres escudriñan todo lo que hago hasta el punto en que me vuelven loca. Tengo que pedir permiso para cada cosa que hago, y siempre actúan como si estuviera haciendo algo malo o como si estuviera planificando hacerlo. Por esa razón, no sólo no me siento nada bien cuando estoy con ellos, sino que temo llegar a casa.

"Quisiera irme de casa ahora y vivir por mi cuenta, y hacer todo lo que quiero hacer, pero sé que debo terminar la secundaria y encontrar la forma de mantenerme antes de hacer algo así.

"Me gustaría que mis padres me dejaran en paz. Me siento culpable la mitad del tiempo, y no estoy haciendo nada malo. ¿Qué les pasa? ¿Por qué no viven sus vidas y me dejan vivir la mía?".

Podríamos pedirte que te pusieras en los zapatos de tus padres y trataras de entender un poco su perspectiva: podrías encontrar algunas respuestas a tus preguntas. Pero, en verdad, nunca puedes ver a través de los ojos de otra persona; y tratar de ver desde la perspectiva de alguien más tampoco es buena idea de todos modos, pues sólo sirve para añadir más confusión a las vibraciones en tu interior. Por supuesto, siempre puede haber buenas ideas ajenas que desees integrar en tu propio Proceso Creativo, pero es mucho más fácil lidiar personalmente con los detalles de la vida uno a la vez, incluyendo los aspectos que corresponden con *tus* intenciones generales, en vez de intentar, de un solo golpe, vivir la vida de la forma que otro lo hace.

Eso, en pocas palabras, es lo que falla en la mayoría de las relaciones entre padres e hijos. Tus padres por lo general creen que puesto que son mucho mayores y más sabios, debido a las experiencias que han tenido, desean que te beneficies de la sabiduría que han acumulado a través de los años. Los padres, con frecuencia, son los primeros en olvidar que *tú* eres el creador de tu experiencia de vida. Puesto que tú y tu Bienestar han sido importantes para ellos desde el día de tu nacimiento, a menudo te ven a ti y a tu vida como la Creación de *ellos*, y ahí es cuando tú estás en problemas.

Al vivir sus vidas y observar la tuya, han lanzado sus propios deseos relacionados con tu Bienestar y con tu vida, y sienten a menudo que deben controlar tu conducta para que corresponda con la visión que ellos han creado para ti. Si los visitásemos ahora mismo, los animaríamos para que dejen de hacerlo, y los guiaríamos de regreso a su propia alineación vibratoria personal. Pero, ahora mismo, no nos estamos dirigiendo a tus padres...

De igual forma que deseamos que tus padres comprendan que no es tu labor, la labor de su hija, modificar <u>tu</u> conducta con el fin de complacerlos a <u>ellos,</u> te decimos que no debes pedir a tus padres que modifiquen <u>su</u> conducta con el fin de complacerte a <u>ti.</u>

Sabemos que sientes que es la conducta de *ellos* la que te está causando *tu* incomodidad, pero si logras darte cuenta de que tienes opciones respecto a su conducta, entonces, y sólo entonces, descubrirás un sentimiento de libertad ahora mismo. Pero si crees que ellos deben cambiar (lo que es muy probable que no hagan) para poder sentirte mejor, entonces, estás verdaderamente acorralada, y el sentimiento de desear salir corriendo de casa es ciertamente comprensible.

Cuando comienzas a buscar más pensamientos *a favor de la corriente*, llegas a alinearte con el Ser expansivo que tu vida ha causado que seas. Y cuando ocurre la alineación, te sientes clara, confiada, dispuesta y feliz. (Todas estas son cosas que tus padres desean para ti). Y si ofreces esas actitudes con mayor frecuencia, tus padres comenzarán a sentirse mejor, y cederán.

Podrías decir: "Pero entonces sería yo quien estaría haciendo todo el trabajo: estoy trabajando para afinar *mis* pensamientos, para logar *mi* alineación, para *sentirme* mejor, para *portarme* de forma que sea más complaciente para mis padres, y lo único que ellos harían sería disfrutar de mi cambio de personalidad. Y, ¿qué tal si *ellos* hicieran algo que me haga sentir mejor a *mí*?".

Te repetimos, si estuviéramos hablando con ellos, los guiaríamos hacia su propia alineación, y les recordaríamos que no tienen control sobre tu conducta. Pero deseamos que comprendas que cuando crees que alguien debe hacer algo distinto para sentirte mejor, estás en una posición de desventaja, porque no tienes control sobre lo que ellos hacen. Cuando comprendes que lo que sientes sólo tiene que ver con la alineación de tu propia Energía, y tu trabajo en conseguir tu alineación —independiente de la conducta ajena—, en ese momento te empoderas. Ahora eres verdaderamente libre.

Entonces, te animamos a que no hagas mucho esfuerzo por tratar de entender el punto de vista de la otra persona —aunque algunas veces eso *logra* calmarte— porque, de muchas maneras, nuestro intento por calmarte no es tan distinto a que ellos cambien su conducta para complacerte. Aunque muchas personas creen que eso es lo que realmente desean, es nuestro deseo que llegues a entender que en todas las condiciones, es contraproducente.

Si te vuelves dependiente de tu capacidad de pedirle a los demás que mejoren su conducta para sentirte mejor, realmente estás enfrentando la vida de la forma más difícil. Mínimo, te limita, y en el peor de los casos, te debilita. Cuando comprendes que puedes controlar lo que sientes porque puedes controlar la dirección de tus propios pensamientos *a favor de la corriente,* estarás continuamente en alineación... y te sentirás bien siempre. Regresas a tu propio poder, tu poder de influencia es tremendo, y prosperas en todo. También deseamos añadir que *controlar la dirección de tus propios pensamientos, lo cual mejora como te sientes, es relativamente fácil; mientras que lograr que alguien cambie su conducta es en extremo difícil, si no imposible.*

Vamos a describir algunas situaciones que podrían ocurrir y tus respuestas subsecuentes a ellas. Luego, te mostraremos cómo realizar un esfuerzo para girar tus pensamientos más *a favor de la corriente*.

Le has anunciado a tus padres que tienes planes de salir con alguno de tus amigos. Sabes que a fin de cuentas, tus padres no te impedirán salir, pero te encuentras con su desagradable sarcasmo acostumbrado, no sólo respecto a tu tipo de amigos, sino respecto a la actividad de tu elección. Y piensas:

¿Qué saben ustedes sobre lo que es valioso para mí?

¿Cómo pueden saber lo que me parece divertido?

No creo que ustedes sepan lo que es divertirse.

No estoy segura de que se hayan llegado a divertir jamás.

Aunque estos pensamientos son comprensibles dada la actitud que tus padres te han proyectado, todos siguen yendo *contra la corriente*.

Ustedes no entienden mi vida.

Ustedes no le han brindado una oportunidad a mis amigos.

No los veo a ustedes esforzándose por entenderme.

Comprensible, pero sigues *contra la corriente*. No les pidas a tus padres que cambien para sentirte mejor. Trata de sentirte mejor por tu propia cuenta:

No necesito que a ustedes les guste mi amigo para que a mí me guste.

A través de mi propia experiencia, he visto que él es un buen amigo.

Por lo menos, ustedes no están tratando de controlar mi experiencia.

Y una vez que salga y me encuentre con mi amigo, pasaré un momento agradable.

Supongo que puedo entender que sus motivos son buenos y que desean lo mejor para mí.

Ahora te sientes mejor.

Pero no creo que puedan realmente saber lo que es mejor para mí.

Esto es más *contra la corriente.*

Pero no puedo culparlos por tratar.

Voy a salir de todas maneras.

Ustedes no tratarán de detenerme.

Las cosas podrían ser mucho peor.

Supongo que no me ha ido tan mal.

En este proceso, nada ha cambiado en verdad, en el sentido de que tus padres siguen haciéndote pasar por un mal momento, y tú saldrás a pesar de tu protesta sutil. Pero debido a tu esfuerzo de girar *a favor de la corriente,* tus vibraciones están en un lugar mejor que lo usual. Y entonces, cuando sales con tus amigos, no sientes que surge la rebeldía típica. Te sientes más ligera y más libre, y comienzas a divertirte con tus amigos de forma más natural. En esta ocasión, no le haces ningún comentario negativo a tu amigo. No miras hacia atrás la casa, ni el hogar, ni los padres que acabas de dejar. Comienzas tu experiencia de una forma más tranquila, y te diviertes más de lo usual. Cuando termina la noche y te encaminas a casa, no temes tu regreso tanto como antes.

Es posible que tu vibración haya cambiado tanto que tu Energía alineada afecte a tus padres. Puedes encontrarlos dormidos en su cama, en vez de en la sala esperándote. Y ya sea que veas o no evidencia obvia de tu cambio, *tú te sientes mejor y eso indica un cambio; y eso es suficiente.*

꿏 꿏 꿏   꿏 꿏 꿏

Ejemplo 11

Mi amiga habla de mí a mis espaldas

Ejemplo: "Estoy en la secundaria y tengo una amiga (desde la infancia) quien, por alguna razón, parece estar tratando de arruinar mi vida a propósito. Actúa como si fuera mi amiga cuando habla conmigo, pero luego escucho cosas que ha estado diciendo de mí a otras personas. Les dice que yo digo cosas que no he dicho para ocasionarme problemas. Lo peor de todo, es que no sé a quién le está diciendo esas cosas ni qué les dice, y no puedo defenderme. Ahora estoy totalmente paranoica porque me preocupa que todo el mundo haya escuchado sus mentiras. ¿Por qué lo hace y cómo puedo detenerla?".

Sabemos que no es lo que deseas escuchar ahora, pero deseamos que comprendas que estás formulando las preguntas incorrectas. Si pasas mucho tiempo tratando de descubrir *por qué* ella actúa así, solamente te mantendrás más tiempo en esa vibración y comenzarás a atraer más de lo mismo, hasta que llegues a encontrarte con más de una amiga comportándose de esa manera.

Intentar que otra persona deje de hacer algo es una conducta inútil, porque incluso si tuvieras la fuerza física o la autoridad para exigir un cambio en su conducta, en ese esfuerzo ofreces un resultado vibratorio que contradice por completo tu verdadero deseo y lo único que obtienes es más desequilibrio.

En vez de pedirle a los demás que cambien su conducta, tu poder radica en tu propio cambio, en tu <u>reacción</u> a su conducta. No tienes control sobre su conducta, pero sí tienes control absoluto sobre tu reacción a esa conducta.

Cuando le prestas atención a algo, activas una vibración en tu interior que corresponde con lo que te estás enfocando. Si te enfocas entonces en algo que te alinea con *quien en verdad eres,* te sientes bien porque se alinean los dos aspectos vibratorios de tu Ser. Si cualquier cosa a la que le prestes tu atención te hace sentir mal, significa que los dos aspectos de tu Ser están desalineados. Cuando comprendes que la alineación en tu interior es a lo único que debes prestarle atención, y trabajas para mantener esa alineación, no solamente te sentirás bien más tiempo, sino que más cosas en tu vida ocurrirán como deseas que ocurran.

Muchas personas —cuando comprenden que les estamos pidiendo a *ellas mismas* que cambien controlando su *propio* punto de enfoque— se quejan: "Pero, ¿qué pasa con la persona que está diciendo las mentiras? ¿No debería hacerse algo al respecto? ¿Por qué me estás pidiendo que ajuste *mis* pensamientos cuando es *ella* quien está haciendo algo malo?". La respuesta a esas preguntas válidas es muy simple: *si tu felicidad depende de que otra persona cambie, jamás serás feliz, porque siempre habrá necesidad de más cambios en más personas.*

Cuando observas a tu alrededor, ves un número ilimitado de cosas sobre las cuales no tienes control. Pero cuando aprendes a girar tus propios pensamientos en la dirección de tu propia armonía vibratoria personal, logras una alineación en tu interior. No solamente te sentirás mejor en esa alineación, sino que además ofrecerás una señal vibratoria poderosa a la cual responde la *Ley de Atracción.* Las intenciones de los demás —incluso si están relacionadas contigo— no podrán anular la poderosa Corriente de alineación que habrás logrado. Nos gusta decir que cuando ustedes están sintonizados, conectados y activados con la Energía de la Fuente que en verdad *son ustedes,* y cuando ése es su estado del Ser, su experiencia sólo puede ser lo que consideran como bueno. Desactivan a aquellos con intenciones negativas y los alejan de sus vidas.

Cuando alguien está diciendo mentiras sobre ti a propósito, es un indicador de su falta de autoestima, porque nadie que esté en alineación con su Energía de la Fuente haría algo así. Muchos sugerirían que debes hacer lo posible por hacer sentir mejor a esta persona, especialmente dado el caso de que ha sido tu amiga durante tanto tiempo. Puede ser que desees hacer algo así, pues tú deseas que ella se sienta mejor, pero es importante que comprendas que si deseas ofrecerle alivio desde tu percepción de que tu amiga está fuera de equilibrio, amplificarías ese aspecto de tu amiga y las cosas empeorarían.

Debes ver los aspectos positivos de tu amiga para poder ayudarla; y antes de ver los aspectos positivos de tu amiga, debes estar en alineación con <u>quien en verdad eres.</u> Entonces, el proceso de buscar pensamientos <u>a favor de la corriente</u> que te brinden alivio, es un proceso para ayudarte a sentirte mejor; y si sólo te enfocas en sentirte mejor, habrás hecho lo necesario y todo lo que puedes hacer; y eso es suficiente.

Comienza entonces donde estás:

Mi supuesta amiga está ocasionándome problemas a propósito.

No sé por qué lo hace y no sé cómo detenerla.

En realidad, ya no es mi amiga.

Una amiga no le haría eso a otra amiga.

Válido y cierto, pero no ayuda. Busca algunos pensamientos que te brinden un poco de alivio:

La gente tiende a creer rumores negativos.

No sé con quién está hablando ni lo que está diciendo.

Esto puede ser cierto, pero no tienes forma de controlarlo, entonces, solamente te estás manteniendo *contra la corriente,* en una posición de resistencia al señalarlo. Recuerda, tu objetivo es encontrar *alivio,* no reforzar la condición existente.

Ella no habla con todo el mundo.

Si ella es siempre negativa, la evitarán las personas que desean sentirse bien.

Muchas personas pueden considerar hablar con la fuente, incluso cuando escuchan conversaciones negativas.

Probablemente, la gente no está tan interesada en regar chismes sobre mí como yo creía.

En realidad, no soy el centro del mundo de los demás.

Esto demuestra una ligera mejoría en lo que sientes. Intenta beneficiarte del leve impulso inicial que has comenzado... Esto podría ser una maravillosa oportunidad para que sintonices tus pensamientos con los aspectos más positivos de las personas en tu círculo de amistades. Si una amiga de tu círculo escuchara estos rumores negativos de tu amiga problemática y te confrontara al respecto, si estuvieras en alineación con *quien en verdad eres*, ella sería capaz de darse cuenta de inmediato de la falsedad del rumor. Pero cuando estás enojada y te pones a la defensiva, no es posible determinar si *tú* causaste el rumor o sólo te sientes mal después de haberlo escuchado. Tu vibración es la misma en ambos casos.

Si sintonizas tus pensamientos con los aspectos más positivos de las personas que conoces, con el tiempo, nadie pensaría siquiera en creer que hay algo de cierto en un rumor negativo respecto a ti. Ellos simplemente dirían (si escucharan algo así): "Eso no parece ser algo que ella haría. No creo que ella haya dicho eso". Y estarían en lo correcto.

Deseo que mi amiga se sienta mejor.

Es muy bueno tener amigos verdaderos.

Todos tenemos días malos y días buenos.

Me gusta pensar que los días buenos predominan.

Me gusta saber que la Ley de Atracción *se encarga de todo.*

Y me gusta saber que nunca puede ocurrir nada opuesto a la Ley de Atracción.

Me gusta saber que puedo controlar cómo me siento.

Estoy en lo cierto cuando sé que no puedo controlar lo que los demás piensen o sientan.

Espero que mi amiga se sienta mejor.

Esto no me preocupa.

Todo está bien.

త్రత్రత్ర స్రస్రస్ర

Ejemplo 12

Tengo muy poco dinero y no veo ninguna posibilidad de mejoría

Ejemplo: "Mi amiga me llamó; quería que saliéramos a comer algo y luego fuéramos al cine, pero yo no tenía dinero. No se trata sólo de que piense que no debo gastar el dinero; es que, en realidad, no lo *tengo*. Me pagan en dos días; por ahora estoy en bancarrota. Tengo suficiente para comer en mi apartamento, nada maravilloso, aunque tengo algunas latas de sopa, cereal, algunas barras de granola, mantequilla de maní y galletas, para no morirme de hambre.

"Pero estoy demasiado cansada de no tener dinero. Algunas de mis amigas tienen más dinero que yo y ni siquiera trabajan, sus familias les envían dinero. ¡Qué delicia! Deseo regresar a mis estudios para conseguir un trabajo mejor, pero se toma demasiado tiempo antes de que algo cambie verdaderamente, y, mientras tanto, no veo cómo podría trabajar y estudiar al mismo tiempo. Me gustaría que alguien *me* diera algo de dinero".

Cuando estás en medio de una situación tan realista, es muy difícil no notarla. Es lógico que tengas una percepción muy clara de cuánto dinero tienes ahora mismo, porque tu situación financiera afecta mucho tu experiencia de vida: muchas cosas que son importantes para ti están conectadas con el estado financiero. Sin embargo, aunque comprendemos que no es probable que puedas dejar de advertir el hecho de que actualmente no tienes dinero, deseamos que comiences a comprender que tienes opciones respecto a cómo te *sientes* en esa situación. En otras palabras, podrías no tener dinero y sentirte llena de temor o enojada, y podrías no tener dinero y parecerte divertido. La mayoría descubre que lo que sienten depende de las circunstancias: *Si no tuviera dinero ahora mismo, pero esperara pronto que me pagaran, me sentiría mucho mejor que si no tuviera dinero ahora mismo y no tuviera idea de cuándo lo recibiría.*

La mayoría de las personas se sienten como se sienten en algún punto de sus vidas debido a su percepción de cómo están las cosas. Cuando las cosas van bien, se sienten bien; cuando las cosas van mal, se sienten mal, y ésa es la razón por la que muchas personas sienten la necesidad de controlar las condiciones que los rodean.

Comprendemos lo tentador que es intentar controlar las condiciones, porque a través de la acción y el esfuerzo *pueden* controlar algunas condiciones hasta un cierto grado; pero cuando comiencen a ver su mundo y su vida desde una perspectiva de *vibración,* y aplican mayor esfuerzo en lograr la *alineación vibratoria* y menos esfuerzo en la acción física, descubrirán la influencia y el poder de los pensamientos. Descubrirán lo que las personas adineradas e influyentes de su mundo han sabido y aplicado a lo largo de la historia.

Algunas cosas buenas te han sucedido mientras te atormentas en el malestar de no tener suficiente dinero...; pues, desde ese lugar desagradable de saber lo que *no* deseas, estás lanzando proyectiles de deseos de lo que *deseas*: deseas un sentimiento mayor de seguridad y deseas más dinero. Deseas descubrir actividades entretenidas que puedan producirte ingresos. Deseas poder comprar cosas y costear experiencias que te agraden. Es decir, tu situación actual es la base desde la cual estás pidiendo muchas cosas, y esas cosas, debido a tu solicitud, están alineándose para ti mientras te atormentas en un estado de malestar.

Sin embargo, siempre y cuando te mantengas en tu sentimiento de malestar, no tendrás acceso a lo que has estado pidiendo. Tu malestar significa que estás yendo *contra la corriente,* mientras que las cosas que estás pidiendo van todas *a favor de la corriente.* Debes encontrar algunos pensamientos *a favor de la corriente* relacionados contigo y con el dinero, y hasta que no lo hagas, nada cambiará para ti. Entonces, intenta encontrar un pensamiento que te brinde una ligera sensación de alivio:

El viernes me pagan; y entonces tendré algo de dinero.

Ese pensamiento te ofrece algo de alivio, pero su duración es muy corta porque estás demasiado consciente de tu patrón habitual. Te pagan y tienes dinero por unos días, gastas el dinero demasiado rápido, y terminas en ese lugar de malestar de nuevo. Y tu malestar no es sólo respecto a no tener suficiente dinero en este momento, también es respecto a no tener suficiente dinero que te dure o suficiente dinero para llevar la vida que deseas vivir. Puede ser que te sientas infeliz por no haberte aplicado cuando eras más joven, no tener un título universitario todavía ni haber elegido una carrera, aunque tus amigos de tu edad ya tienen esas cosas. Puedes sentir resentimiento hacia tus padres por no haberte apoyado una vez que llegaste a la edad de ir a la universidad, o porque tu familia no tiene un negocio del que podrías haber formado parte o porque no tienes una herencia en tu futuro...

Con frecuencia, el tema del dinero tiene conexiones mucho más profundas ante las cuales debes encontrar alivio o no te permitirás girar y fluir en la dirección de los deseos que tu vida te ha ayudado a identificar. En otras palabras, realmente vale la pena pasar algo de tiempo para encontrar alivio cada vez que seas consciente de cualquier emoción negativa con la que estés familiarizada, porque cada vez que haces este esfuerzo, liberas un poco más de resistencia. Con el tiempo, puedes liberarte por completo de la resistencia, incluso en temas como el dinero que tiene tantas conexiones con pensamientos y sentimientos de resistencia.

Recuerda que estás donde estás y eso está bien. Solamente debes sumergirte en el proceso desde donde estás ahora mismo haciendo tus afirmaciones, sean las que sean; y luego trabaja en encontrar más alivio en tus afirmaciones, en un esfuerzo por girar <u>a favor de la corriente.</u>

Sí, claro, el viernes me pagan, pero para el lunes ya estaré de nuevo en la quiebra.

No gano suficiente dinero para vivir bien en lo absoluto.

Estás donde estás. Y así están las cosas, pero puedes sentirte mejor si haces un esfuerzo.

Tengo un empleo.

No me gusta mucho.

Sin embargo, no fue muy difícil conseguirlo.

Lo obtuve con relativa facilidad.

Tenía, y sigo teniendo, otras opciones de empleo.

Creo que si de verdad quisiera, podría conseguir un empleo mejor.

Aquí has mejorado un poco. Pero esto es algo muy bueno porque aunque sea poco, abre la puerta a otro nivel de ideas mejoradas.

En ese momento, mi empleo parecía perfecto para mí.

Aunque deseaba algo mejor, en ese momento, era lo único que me veía haciendo.

Mis ideas sobre lo que me gustaría hacer, han cambiado.

Podría hacer algo mejor, si quisiera.

Tus palabras en esta última frase son parecidas a la última frase del grupo anterior; sin embargo, esta vez las *sientes* más. Ahora es obvio tu *alivio*.

Existen empleos bien remunerados que yo podría conseguir.

Si aquel tipo puede ganar más dinero, yo también puedo.

Todos tienen que comenzar donde están.

Hay muchos que son millonarios por sus propios méritos.

Mírame, pasé de no tener nada de dinero a pensar en millonarios por sus propios méritos.

Ahora bien, nada ha cambiado hoy en la cantidad de dinero que tienes en tu posesión, pero cosas maravillosas sí han cambiado vibratoriamente en los últimos minutos. Deseamos que comprendas que la diferencia entre lo que sentías y lo que sientes ahora es la diferencia entre no tener dinero y tener millones. Pero hace falta más que un ejercicio para causar un cambio lo suficientemente consistente para ver resultados. En otras palabras, lo que acabas de hacer es suficiente si deseas mantener estos sentimientos de mayor libertad, seguridad, e inclusive humor respecto al dinero ahora mismo, pero es probable que las circunstancias de tu vida llamen tu atención y regreses a tus sentimientos más habituales respecto al dinero.

Si permaneces con este sentimiento mejorado durante un tiempo, y tomas la decisión de que lo usarás como una piedra angular *a favor de la corriente,* y si haces un esfuerzo consistente para girar hacia tus pensamientos de alivio que están *a favor de la corriente,* en muy poco tiempo entrenarás tu vibración hacia la alineación con tus deseos. Y entonces, no solamente comenzarás a *sentir* consistentemente más seguridad financiera, sino que tu visión financiera actual comenzará a reflejar estos cambios vibratorios. Llegará un momento, no muy distante, en que experimentarás el flujo del dinero de forma tan abundante y tan fácil que te parecerá divertido que te hayas mantenido alejada de eso durante tanto tiempo.

Sigue buscando pensamientos que te hagan sentir mejor:

Siempre he tenido suficiente dinero para lo que deseo.

Deseo muchas cosas costosas y maravillosas.

Ahora entiendo que todo lo que deseo está disponible para mí con facilidad.

Sólo debo identificar lo que deseo y me llega.

Ahora comprendo la facilidad con la que he notado que otras personas ganan dinero.

Ahora puedo retirar al dinero de la ecuación.

Cuando mi vida me ayude a comprender que deseo algo, las

circunstancias perfectas para lograrlo aparecerán ante mí.

Siempre puedo sentir cuál sendero hacia el éxito me atrae más.

Me parece interesante ver todos los distintos senderos que tengo ante mí ahora.

Hay mucha variedad, cada sendero es agradable, en una forma distinta, pero todos me llevan hacia el éxito financiero que deseo.

Si has venido siguiendo esto, tomándote el tiempo y encontrando algunos de los sentimientos que hemos ido proyectando en las afirmaciones anteriores, has llegado muy lejos, desde una posición sin dinero hasta la independencia financiera.

Estás donde estás. No importa lo mucho o poco dinero que tengas en comparación con los demás, no hay límites en tu abundancia. Tu propia vida te está ayudando a definir tus metas actuales; y cuando encuentres alivio en pensamientos a favor de la corriente, las cumplirás. Las Leyes Universales te apoyan; la Ley de Atracción seguirá mostrándote el camino de la menor resistencia y es ilimitado todo lo que mejorará en tu vida.

ৎ৵ ৎ৵ ৎ৵ ৵৹ ৵৹ ৵৹

Ejemplo 13

No puedo encontrar pareja

Ejemplo: "Hace ya bastante tiempo que me siento listo para una relación estable, pero no logro encontrar la chica adecuada. De hecho, he salido con muchas mujeres que buscan un compromiso conmigo, pero no me siento igual respecto a ellas. Ahora temo salir con alguien porque no puedo encontrar a nadie que de verdad me guste, y no deseo herir sus sentimientos rechazándolas. Era más fácil cuando no buscaba nada serio, pero ahora no sé qué debo hacer. Si no salgo con nadie, es poco probable que encuentre a alguien, pero tampoco me está funcionando tener citas".

Cuando realmente deseas algo, y estás viendo algo que es contrario a tu deseo, siempre sientes emoción negativa. Cuando deseas algo y crees que no puedes conseguirlo, también sientes emociones negativas. Pero si, en verdad, algo no te importa mucho y estás ofreciendo pensamientos que lo contradicen, igual no te importa mucho. Es decir, si alguien que no conoces te llama por teléfono y te explica que esta será la última vez que te llama, no sentirías ninguna emoción negativa.

Cuando tu deseo de algo es muy intenso, tus sentimientos al respecto también son intensos; cuando estás enfocado en pensamientos que te hacen fluir *a favor de la corriente* y hacia tu deseo, sientes emociones agradables muy intensas. Pero cuando te enfocas en pensamientos que te envían *contra la corriente* y te alejan de tu deseo, tienes emociones negativas muy intensas.

Tu deseo de una relación importante y duradera, con el tiempo se fue convirtiendo en algo intenso y eso es bueno. Y en tus expectativas positivas de que las cosas te saldrían bien, llegarían las circunstancias y eventos que te atraerían a tu pareja perfecta. Pero lo que sale mal con muchas personas, que están en la posición de desear realmente que su pareja aparezca, es que intentan forzar la creación de la relación aferrándose a alguien e intentando hacer que *esa persona* sea la pareja perfecta. Entonces, cuando ven la evidencia de que las cosas no están saliendo bien, pierden su dirección *a favor de la corriente*, y las cosas cada vez empeoran más y más.

Si pudieras establecer un enfoque menos serio y más divertido con tus relaciones, no tratando de hacer que cada una de ellas sea "la que estoy buscando", sino, más bien, diciendo: es "alguien con quien puedo tener el placer de compartir una comida"; o "alguien con quien estoy disfrutando de una conversación"; o "alguien con quien estoy pasando un buen momento hoy"; entonces, no tendrías que usar este momento como una excusa para desafiar tus propias intenciones y deseos, y el Universo proveería con más facilidad y rapidez la persona que estás buscando... *Cuando confíes en las* Leyes del Universo *y en el Flujo de la vida siempre brotando, siempre dando vida y siempre produciendo, encontrarás todo lo que has buscado. Pero en tu creencia de que debes* hacer *que las cosas ocurran por medio de la* acción, *con frecuencia, te mantienes en una encrucijada de la Corriente y te mantienes alejado de tus propios deseos expandidos.*

Cuando te sientes jovial y alegre con las personas con quienes compartes tu tiempo, atraes otras personas similares, personas joviales. Pero si te pones a escudriñarlas con seriedad para ver si alguna es tu pareja ideal, atraes a la vez otras personas igual de escudriñadoras y seguirán desilusionándose mutuamente.

Cuando te obligas a tener una actitud agradable respecto a conocer gente y te emociona salir en una cita por el puro placer de divertirte hoy, en vez de tratar de observarlo como una posible relación para toda la vida, es mucho más probable que permanezcas en Correspondencia Vibratoria con lo que verdaderamente deseas en una relación, y, entonces, el Universo te atraerá más rápidamente tu pareja perfecta.

Cuando te sientes tenso y te preocupa encontrar a alguien, o cuando estás preocupado porque esa persona te desea cuando tú no te sientes de la misma manera, estás dirigiéndote a la dirección opuesta de lo que estás buscando, eres el Correspondiente Vibratorio de exactamente lo que <u>no</u> deseas, por lo tanto, exactamente eso que <u>no</u> deseas, seguirá apareciendo en tu experiencia.

A veces es difícil aceptar la simplicidad de esta poderosa revelación, pero, en verdad, *es* así de simple. Si estás divirtiéndote y sintiéndote bien ahora mismo en esta cita, aunque la persona no sea evidentemente la mujer de tus sueños, *estás <u>a favor de la corriente y hacia</u> lo que deseas.* Pero si *no* te estás divirtiendo en esta cita porque la persona es inapropiada para ti, o porque estás preocupado porque esta persona esté triste porque no la elijas, no estás yendo *a favor de la corriente,* y no estás cerrando la brecha.

Debes encontrar la forma de sentirte bien ahora —inclusive en la ausencia aparente de algo que deseas—, con el fin de lograr lo que deseas. Y aunque puedes tener una serie infinita de excusas para no sentirte bien ahora mismo, si fuéramos tú, encontraríamos la forma de minimizar esas excusas y de sentirnos bien ahora mismo, porque hasta que no seas capaz de sentirte bien consistentemente, no puedes llegar a donde deseas llegar.

Tomaríamos la decisión de llevar cada cita, cada conversación con una pareja potencial, cada pensamiento respecto a una pareja potencial, *o a las relaciones, a favor de la corriente.* Practicaríamos el *alivio* hasta que nuestros pensamientos giraran naturalmente *a favor de la corriente.* Y entonces, no solamente vivirás una vida refrescante y agradable y otras personas felices comenzarán a llegar como bandadas hacia ti para que puedan compartir más tiempo divertido, sino que en poco tiempo, con facilidad y sin esfuerzo, aparecerá alguien en tu vida y ambos sabrán que son la respuesta a sus deseos mutuos.

Y cuando eso ocurra, no habrá más jueguitos. Ninguno molestará al otro. No tendrán que hacerse los difíciles, ni decir: "Te amo, pero necesito que cambies este detallito por mí". Se verán como la respuesta perfecta a la solicitud perfecta que han venido formulando la mayoría de sus vidas. Y esta relación será útil y cumplirá las expectativas de ambos, y será expansiva y satisfactoria siempre.

Ahora mismo, tu meta es encontrar alivio en algunos pensamientos que vayan *a favor de la corriente.* Entonces, comienza donde estás y busca mejoría en lo que sientes:

Es difícil encontrar la pareja ideal.

Unas mujeres me desean, pero no las deseo.

No deseo herir sus sentimientos, pero tampoco quiero conformarme con menos de lo que busco.

Es natural que comiences con pensamientos *contra la corriente,* pero ahora intenta encontrar un pensamiento que te haga sentir mejor:

En realidad, no tengo que convertir cada cita en una audición para una pareja de por vida.

Me gusta conocer personas por muy diversas razones.

Me parecen interesantes las mujeres con quienes salgo.

Disfruto explorar mis opciones.

La visión de la mujer de mi vida ha madurado a raíz de las chicas con quienes he salido a lo largo de los años.

Cada una de ellas ha añadido algo a la visión de lo que deseo.

Cada experiencia de vida añade a la evolución de nuestras ideas y deseos.

Puedo sentir lo natural que es este proceso.

No sé por qué he tratado de hacerlo tan complicado.

Cada uno de estos pensamientos atrae un sentimiento mayor de alivio. Y está ocurriendo algo valioso: estás poniéndote en la fila de un nuevo grupo de mujeres interesantes que comenzarán a fluir en tu experiencia, pero éstas serán diferentes en una forma nueva e importante: ellas, como tú, estarán explorando, recolectando datos y buscando una conversación agradable y divertida. No estarán necesitadas ni desesperadas. Sentirán confianza en ellas mismas y se sentirán seguras e interesadas en vivir la vida. Este grupo de personas más agradables puede ser el que contiene la que estás buscando, o puede llevarte a otro grupo todavía más agradable...; pero no pasará mucho tiempo antes de que te encuentres cara a cara con el rostro que te reconocerá, al mismo tiempo que tú la reconocerás como la deseada. Y le agradecerás este encuentro a todas tus citas y novias anteriores.

Ejemplo 14

Mi hermana y yo no nos hablamos

Ejercicio: "Hace más de un año, mi hermana y yo tuvimos una discusión, y, desde entonces, no nos hablamos. Algunas veces pienso que debería llamarla por teléfono, pero luego recuerdo la ira que sentí la última vez que hablamos y no quiero correr el riesgo de volverme a sentir así. No me siento bien sin hablar con ella, pero me siento mucho mejor ahora que en esa época.

"Ella comenzó la discusión y ni siquiera quiso tratar de entender mi punto de vista. Siempre ha sido muy testadura, siempre cree que tiene la razón, y siempre se la he concedido en favor de la paz. Estoy cansada de tener que ser la que siempre cede, por eso no la llamo".

La mayoría de las personas desean ser amadas. Desean que las aprecien y las entiendan. El problema con esos deseos es que tú no tienes control sobre la capacidad ajena de apreciar, amar ni entender.

Hemos notado que se siente exactamente igual de bien *amar*, *apreciar* o *entender* que ser *amado*, *apreciado* o *entendido*; y lo más interesante de todo es que sobre eso sí tienes control total. Tienes la habilidad de amar a alguien sólo porque hayas decidido hacerlo. Y aunque lo que los demás hayan hecho puede molestarte tanto que no sientes ni siquiera deseos de *tratar* de amarlos, deseamos que comprendas que a menos que los ames, te mantendrás fuera de alineación vibratoria contigo misma, porque, te guste o no, tu *Ser Interior* los ama.

En vista de que ellos son el tema de tus pensamientos, y en vista de que te sientes muy mal cuando te enfocas en los demás, los culpas por lo mal que te sientes. Esto es razón suficiente para estar enojada con ellos, pues parecen ser la razón por la que te sientes tan terrible. Si ellos fueran diferentes, te sentirías mejor, pero puesto que rehúsan cambiar, piensas que no puedes sentirte mejor...; y entonces, parecen mantener el poder sobre lo que sientes. No nos sorprende que sientas ira hacia los demás. Les has entregado tu más preciada posesión. La clave de tu propio poder.

Cuando recuerdas que puedes controlar lo que sientes, sin que nada importe, puedes recuperar tu propio poder, y así regresas a la alineación con *quien en verdad eres.* Y cuando estás en alineación con *quien en verdad eres,* es más fácil colocar en la perspectiva apropiada *sus* acciones, palabras y actitudes. Eso no es asunto tuyo. Hasta los pensamientos que tienen sobre ti no son asunto tuyo.

Incluso si el sufrimiento de una relación tiene un alcance tan lejano como tu infancia, puedes, con menos esfuerzo del que te imaginas, llevarte a tu alineación, porque no tienes que retroceder en el tiempo y reconsiderar y aclararlo todo y encontrar remedios y soluciones. Tu dolor, tanto entonces como en la actualidad, es siempre cuestión de lo mismo: tus vibraciones en el *ahora,* causadas por lo que *tú* estás pensando ahora mismo, y cómo esas vibraciones se relacionan con la vibración de tu *Ser Interior* y con la parte tuya en que te has convertido... *Tú eres un ser que ama; y cuando, por cualquier razón, no amas, te estás destruyendo.*

Comprendemos que sientas que tu ira y tu odio están justificados, ya sea que el tema de tu malestar sea tu hermana, un dictador malvado o alguien que amabas y te abandonó... pero, no importa de quién se trate, sencillamente, no hay justificación para nada que no sea amor y aprecio. El precio que pagas por tu discordia es demasiado grande. *Desde nuestra visión, nada justifica una desconexión de tu ser que vaya contra la corriente.*

Por lo general, cuanto más tratamos de que liberen sus antiguos patrones de odio hacia alguien, más ustedes se aferran a ellos buscando más justificaciones evidentes de lo que sienten. En verdad, esto es sólo producto del malestar causado por su falta de permitir. Es decir, cuando se han sentido mal por mucho tiempo y asocian esos sentimientos de dolor con la conducta de otra persona, se lo toman de forma muy personal, y sienten una justificación extrema por su actitud. Pero toda esta ira es causada porque comprenden innatamente que deberían sentirse bien; y cuando no se sienten bien, lo toman demasiado a pecho.

Cuando descubren su habilidad de girar deliberadamente sus pensamientos *a favor de la corriente,* sin que ellos tengan que modificar su conducta en absoluto, descubren el sentimiento indescriptible de alivio que solamente llega a través de la liberación de la resistencia. Cuando comprenden el poder de su propia mente, dejan de buscar a alguien que los ame, los aprecie, los comprenda o los alivie, los satisfaga o los ayude, pues ustedes se sienten totalmente conectados a los recursos del Universo; y en esa Conexión, se sienten plenamente satisfechos. Y entonces ocurren cosas interesantes: *En su Conexión con la vibración del amor y el aprecio, se convierten en seres amados y apreciados por muchos.*

Comienza entonces donde estás:

Si mi hermana desea hablar conmigo, ella puede llamarme.

Estoy cansada de ser siempre la que busca la reconciliación.

Estoy más feliz cuando no hablo con ella.

Mantener una buena relación con ella es demasiado trabajo.

Aquí estás. Muchos podrían argüir que tu hermana no merece tu amor, pero no estamos motivando este proceso debido a tu hermana, sino porque *tú* mereces estar en alineación con *quien eres.* Y, si habláramos con tu hermana, le diríamos exactamente lo mismo: *No lo hagas por tu hermana, busca tu alineación y descubre tus sentimientos de amor y aprecio por ti misma. Aunque es cierto que el mundo sería un lugar maravilloso si todos entendieran esto y lograran deliberadamente su alineación vibratoria en su interior, no es necesario que otra persona lo entienda para que tú puedas ser feliz, pues tu felicidad no depende de nadie.*

Ahora intenta encontrar *alivio:*

Esta ira me ha pesado durante mucho tiempo.

Sería increíble poder liberarme de ella.

Ni siquiera recuerdo los detalles del altercado.

Estoy segura de que no fue nada importante.

Si no la amara, probablemente no me importaría lo que piensa.

Quizá puedo amarla sin importar lo que piensa.

Entiendo que no puedo controlar lo que mi hermana piensa.

También entiendo que es posible controlar mis propios pensamientos.

Puedo sentir la libertad de llegar a controlar mis propios pensamientos.

Creo que siempre lo he deseado, y por eso es que siento tanta ira cuando no controlo mis pensamientos.

Creo que es hora de dejar de responsabilizar a mi hermana.

Deseamos que entiendas que no te estamos animando a que busques la alineación y el alivio con el fin de afectar tus acciones. No estamos tratando de hacer que llames a tu hermana y te reconcilies con ella. Es nuestro deseo que te reconcilies contigo y que descubras una forma de elegir el tipo de pensamientos que te permiten lograr la plena alineación con *quien eres.* Luego, desde ese lugar de alineación, puedes sentirte inspirada a la acción. Siempre es cierto que desde tu lugar de alineación, las acciones que te inspira realizar son para tu propio beneficio, y que desde el lugar de tu falta de alineación, tus acciones nunca son para tu propio beneficio.

Me siento mucho mejor.

Amo y aprecio a mi hermana.

Quizá la llame más tarde, o quizá no.

No tengo que decidir eso ahora.

Ahora que te sientes mejor, haz lo posible por mantener esos sentimientos agradables dirigiendo de nuevo tus pensamientos cada vez que no te sientas bien. Con el tiempo, estos sentimientos que te hacen sentir mejor se convertirán en tus sentimientos habituales respecto a este tema; y para entonces, comenzarán a aparecer cosas que te llevan alegremente al siguiente paso lógico.

En ocasiones, una vez que logras sentirte mejor, deseas dar un salto hacia la acción de inmediato con el fin de atraer a los demás a tu propio ritmo y hacia el estado de mejoría que has conseguido. Pero es mejor deleitarte en tus nuevas y mejoradas emociones por un tiempo, hasta que estén verdaderamente estables en tu interior. Luego la *Ley de Atracción* se encargará de producir los encuentros con los demás y de orquestar las circunstancias y los eventos. Tu trabajo —tu *único* trabajo— es encontrar sentimientos de alivio y, por lo tanto, encontrar la alineación con *quien en verdad eres* y con lo que de verdad deseas.

ᩣᩣᩣ ᩣᩣᩣ

Ejemplo 15

Mi pareja me controla
y me siento asfixiado

Ejemplo: "Estaba feliz de haber encontrado pareja. Somos compatibles en muchas cosas, y sé que en verdad mejoramos nuestras experiencias mutuas. Hacemos todo juntos; y vivimos y trabajamos bien juntos. Nos gusta el mismo tipo de comida, el mismo tipo de gente y tenemos intereses muy similares. De hecho, si llenáramos una de esas encuestas de compatibilidad, estoy seguro de que descubriríamos que somos el uno para el otro.

"Pero, últimamente, siento que no soy libre. Mi pareja parece involucrarse tanto en todo lo que hago, que apenas si puedo considerar hacer algo sin ella; y el otro día me di cuenta de que me estoy cansando de tener que considerar su punto de vista en toda decisión que tome. Sencillamente, ya no me siento libre.

"Tengo un amigo que está buscando con diligencia una pareja, y me he descubierto pensando: *Te iría mejor sin una.* Eso me dejó perplejo porque siempre había pensando que era mucho mejor tener a alguien con quien compartir tu vida. Pero quizá no se suponga que compartamos cada momento de nuestras vidas, cada pensamiento y cada idea. Me siento asfixiado".

No importa qué tan entrelazado te encuentres con otra persona, tu relación se ve afectada muchas más veces por los pensamientos que deambulan por tu propia mente, que por la persona que deambula en tu casa o en tu experiencia de vida. Esa es la razón por la que es tan interesante ver a las personas esforzándose tanto por controlar a otra, mientras que se esmeran tan poco por controlar sus propios pensamientos y percepciones, en especial, teniendo en cuenta que ellos no tienen control real sobre el otro y que *sí* tienen pleno control sobre sus propios pensamientos y percepciones.

Las personas a menudo creen que se sentirían mucho mejor si su pareja cambiara de esta u otra manera, pero esa es una forma de enfocarse en la dirección equivocada de las cosas. Cuando dices: "Me sentiría mejor si cambiaras tu conducta o esta característica de tu personalidad", lo que en verdad estás diciendo es: "Mi felicidad depende de tu voluntad y de tu habilidad de modificar tu conducta, por lo tanto, me siento impotente". *La razón por la que tantas personas son tan duras con quienes conviven o con quienes se relacionan es debido a que todo el mundo desea inherentemente ser feliz, pero, también creen que su felicidad depende de cosas sobre las que en verdad no tienen control alguno.*

Al comienzo de la mayoría de las relaciones nuevas, las cosas van bastante bien, puesto que los dos están predominantemente buscando aspectos positivos en el otro. Y, al comienzo, ambos se esfuerzan de forma poco natural por complacer al otro. Sin embargo, cuando te conduces desde la posición estratégica de tratar de complacer al otro, en vez de desde el punto de tu alineación personal, te estás buscando problemas, ya que no es posible mantener los deseos ajenos en el centro de tu atención, porque, como creador, sencillamente no estás programado para hacerlo.

Al tratar de complacer a los demás, estimulas la idea distorsionada de que alguien más es responsable de tu felicidad, lo cual, a la larga, te desempodera y te hace infeliz. Podríamos decir, con seguridad, que cuanto más intentas hacer felices a los demás, más infelices son, porque se vuelven dependientes de una conducta externa a ellos sobre la cual no tienen control, en vez de estar en alineación con ellos mismos sobre lo cual tienen pleno control.

Entonces, al hacer de tu pareja el objeto de tu atención, diciéndole lo mucho que la amas y lo importante que es para ti que ella sea feliz, y luego, tratas de controlar su felicidad a través de tus acciones, no nos sorprende que te sientas asfixiado, porque intentar una tarea tan imposible requiere de una enorme cantidad de tiempo y atención.

Además, en la mayoría de los casos, cuanto más tratas de controlar las circunstancias con el fin de mejorar la experiencia de los demás, más dependiente ellos se vuelven de tu conducta, y con el tiempo, también se vuelven más exigentes. Ustedes son inherentemente Seres tan independientes que cuando más dependientes se vuelven, más infelices son. ¿No es interesante que tus intenciones hayan sido hacer feliz a otra persona, y a cambio, hayas conseguido que ella sea menos feliz?

Tu única oportunidad de influenciar en la felicidad de otra persona, es que tú seas verdaderamente feliz. Y la única forma de que seas feliz en verdad es logrando tu estado de alineación vibratoria entre tú y Tú. Apliquemos específicamente esa fórmula al tema de tu deseo por la felicidad de tu pareja:

ESCENARIO 1:

- Deseas que tu pareja sea feliz.

- La observas y notas que es feliz.

- Tu deseo y lo que observas concuerdan, por lo tanto, estás en alineación, y por consiguiente, estás feliz.

ESCENARIO 2:

- Deseas que tu pareja sea feliz.

- Observas que no es feliz respecto a algo.

- Tu deseo y lo que observas no concuerdan, por lo tanto, no estás en alineación, y por consiguiente, no te sientes feliz.

Escenario 3:

- Deseas que tu pareja sea feliz.

- Observas que ella no es feliz respecto a algo.

- Haces todo lo que se te ocurre para hacerla sentir mejor.

- Ella se distrae de su falta de alineación y se siente mejor por un tiempo.

- Te agrada que ella se sienta bien y asumes la responsabilidad de su bienestar.

- Ahora ella se siente dependiente de tu conducta para sentirse bien o mal.

- Ella pierde poco a poco su sentido de independencia y eso la hace sentir infeliz.

- Entonces, intentas cada vez más hacerla feliz, pero ella se vuelve más infeliz, porque tu conducta es ofrecida desde la falsa premisa de que tú debes, o incluso puedes, hacer feliz a otra persona.

Escenario 4:

- Deseas que tu pareja sea feliz.

- Observas que no es feliz respecto a algo.

- Usas el poder de tu mente para ignorar lo que ella está sintiendo ahora mismo y te fijas en algo que te permita a *ti* seguir estando feliz.

- Ella piensa que deberías prestarle más atención y que deberías hacer más esfuerzo en hacerla feliz.

- Tu felicidad es tu deseo dominante; entonces ignoras egoístamente su infelicidad y permaneces feliz.

- Al tener éxito en permanecer feliz (pues lo has practicado muchísimo), te mantienes en alineación con tu Perspectiva Más Amplia.

- Debido a que estás en alineación con tus recursos mayores, tu sincronización es buena, tu claridad es buena, tu vitalidad es buena y te sientes de maravilla.

- Debido a tu alineación con tus recursos mayores, estás emitiendo una fuerte señal vibratoria de Bienestar; y como tu pareja desea sentirse bien, y la vibración que estás emitiendo se trata de eso, ella es influenciada, vibratoriamente, hacia su propia alineación. En otras palabras, debido a tu deseo egoísta de permanecer conectado con tus recursos del Bienestar, lograste animar a tu pareja para que hiciera lo que también deseaba.

- Pero esta es la parte más importante de todo: *No importa qué tanta alineación hayas logrado, y no importa lo fuerte que sea tu señal vibratoria de Bienestar, a tu pareja le corresponde el trabajo de llevarse a la alineación con esa señal. No puedes hacerlo por la otra persona.*

Todo esto significa que debes amar a los demás lo suficiente como para estimular su alineación; es lo único que puede hacerlos felices. Por consiguiente, sé lo más amoroso y agradable que puedas con los demás, pero no porque estés tratando de llenar algún tipo de vacío por medio de tu conducta. Sé amoroso y agradable porque estás en alineación con *quien en verdad eres*.

Y debes recordar el factor más importante: es muy sencillo desear sentirse bien y practicar la dirección de tus pensamientos hasta que lo logres. Es en extremo complicado tratar de afectar la conducta o el estado emocional o la alineación de otra persona. *Atiende tu propio equilibrio vibratorio, y la <u>Ley de Atracción</u> hará el resto del trabajo por ti.*

Comienza, entonces donde estás e intenta encontrar afirmaciones *a favor de la corriente*:

Me siento asfixiado.

Estoy cansado de considerar lo que mi esposa desea respecto a todo.

Me gustaría que se involucrara en algo que la hiciera alejar su atención de mí.

Ahí es donde estás entonces. Ahora, en vez de buscar alivio tratando de que tu pareja cambie de alguna manera, trata de encontrar alivio a través de tus propios pensamientos:

Sin importar lo que mi pareja desee o piense, puedo tener mis propios pensamientos.

No tengo que considerar sus respuestas para cada uno de mis pensamientos.

Una gran parte de lo que siento es debido a lo que ocurre en mi mente.

Soy libre de tener mis propios pensamientos.

Este flujo de ideas va definitivamente *a favor de la corriente*, y ahora te sientes mejor.

Mi pareja, en realidad no está tratando de controlarme.

Nuestra vida juntos ha evolucionado.

En realidad, no estoy en <u>desacuerdo</u> con ella en casi nada.

Somos muy compatibles en muchos aspectos.

Ella nunca ha tratado de dominarme ni de controlar mis pensamientos.

Mis sentimientos de asfixia tienen más que ver con mi mente confusa que con cualquier otra cosa.

Puedo aclarar mis pensamientos si lo intento.

Estoy en control de mis propios pensamientos.

Hay innumerables temas en los que me puedo enfocar.

Soy libre de seguir cualquier interés que decida.

Ahora que estás yendo *a favor de la corriente,* es más bien fácil seguir encontrando pensamientos de mejoría:

No tengo que resolver todo de una vez.

En general, nuestra relación es muy positiva.

En verdad, no me siento prisionero.

Ahora esa sensación de ahogo se ha ido por completo.

Si algún día regresa, sabré por qué y qué hacer al respecto.

Ejemplo 16

Me estoy divorciando y me siento perdida

Ejemplo: "Llevo diez años de casada y el mes pasado mi esposo me dijo que deseaba divorciarse. Me dijo que lo había estado pensando por un largo tiempo y que no veía la razón para seguir postergándolo. Sé que nuestra relación no ha sido nada perfecta, pero no tenía idea de que él era tan infeliz como para desear irse.

"Esa misma semana se mudó a su nuevo hogar; traté de disuadirlo, pero ya estaba tan convencido de su decisión antes de comunicármela que es evidente que no piensa regresar. Estoy tratando de seguir con mi vida, pero hay tantos aspectos que estaban conectados con él que no me siento cómoda viendo a nuestros amigos mutuos, no soporto ir a mis restaurantes favoritos; e incluso ver los programas de televisión que disfrutábamos juntos me hace sufrir. Me siento perdida en mi propia vida".

Comenzaremos por decir algo que la mayoría de las personas en tu situación no están listas para escuchar y no desean escuchar, pero si *puedes* escucharlo, te brindará un método rápido para aliviar tu intenso dolor:

Tu sufrimiento es el resultado de la contradicción vibratoria en tu interior, pero lo puedes solucionar.

Por lo general, las personas que están sufriendo dicen: "Pues, es obvio que sufro, observa lo que me ocurrió", y, ciertamente comprendemos la relación entre tu dolor y el hecho de que tu esposo se haya ido, pero hay algo aquí mucho más grande que tu respuesta a su acción ahora mismo, aunque él haya sido una persona importante en tu vida.

Toda tu vida (e incluso antes de nacer), has estado en el proceso de crear un Depósito Vibratorio respecto a tu relación significativa; y esa creación vibratoria es detallada, poderosa y real. Entonces, cuando te enfocas en la acción de tu esposo (o en la falta de esta relación), te estás dirigiendo *contra la corriente,* en vez de ir *a favor de una corriente* en extremo poderosa. En otras palabras, tu dolor no está solamente relacionado con la partida de esta persona, sino que también surge porque estás en contra de una creación poderosa, de una intención y de una realidad vibratoria. Cuando la Corriente fluye de una manera tan poderosa y tú estás en su contra, tu emoción negativa es muy intensa.

Este intenso dolor que sientes no se debe a que esta persona se haya ido. Este dolor indica que tú y tus pensamientos actuales están desafiando tu propia creación de una relación poderosa, que está viva y en buen estado, y te está esperando en tu Depósito Vibratorio. Deseamos que le digas a viva voz a todo aquel que está sufriendo por la pérdida de una relación: *Tu relación —la que en verdad deseas, la que has venido creando y a la que le has añadido cada día de tu vida, la que modificaste incluso durante el proceso del rompimiento de esta relación— sigue estando en tu Depósito Vibratorio...; pero este dolor que estás sintiendo ahora significa que en este momento no te estás acercando a ella, sino que te estás alejando de ella.* En otras palabras, tu dolor no es tanto cuestión de que la otra persona haya dejado la relación, como de que tu atención a su acción se haya enfocado opuestamente al "sueño" de una relación que has estado en el proceso de crear durante tanto tiempo.

Cuando llegues a la plena percepción consciente de cómo se crean todas las cosas y comprendas tu *Depósito Vibratorio* y tu *Sistema de Guía Emocional,* que te indican la dirección de tu pensamiento actual, jamás volverás a ser rehén de la conducta ajena.

Cuando alguien cruza la puerta y se va, comprende que es sólo una <u>persona</u> saliendo por la puerta. No es el fin de tu sueño, el fin de tu creación ni el fin de tu vida. Es sólo otra experiencia que te brinda mayor claridad sobre lo que en verdad deseas y lo que en verdad no deseas. Es otra oportunidad de crear un nuevo Depósito Vibratorio incluso más placentero.

Con frecuencia, cuando explicamos cómo crean su propia realidad y que pueden ser, hacer o tener todo lo que desean, una persona en tu posición pregunta luego: "¿Entonces mi esposo regresará, puesto que él es en verdad a quien deseo?". Por supuesto que es posible que cuando regreses a la alineación con la visión de la vida que deseas vivir en tu Depósito Vibratorio, este hombre y esta relación puedan ser el camino de menor resistencia para que obtengas lo que deseas. A menudo ocurre así. Sin embargo, nos gustaría que comprendieras que por muy importante que este hombre parezca para ti y para tu felicidad en este momento, en realidad, esta persona específica no es relevante.

Lo único que es relevante para ti, es que llegues a la alineación vibratoria con tu propio Depósito Vibratorio; y cuando lo hagas, el Universo debe entregarte la pareja ideal. En otras pablaras, la relación entre tú y Tú es en la que debes trabajar, y cuando esa relación esté en alineación, todas las demás también llegarán a la alineación.

La partida de tu pareja ha causado que te enfoques *contra la corriente,* pero tienes la fortaleza para llevar esos pensamientos, uno por uno, a medida que llegan *a favor de la corriente.* Incluso ante estas circunstancias intensas, puedes hacerlo. Y cuando lo hagas, te sentirás mucho mejor, y todo lo que desees se convertirá entonces en tu realidad física.

Lo más común que ocurre cuando sale algo mal en la mayoría de las relaciones que fracasan, es que uno o el otro (o ambos) están asumiendo que el otro es el responsable de la felicidad propia. La mayoría de las personas le dice a sus parejas una versión de lo siguiente: "Deseo ser feliz. Cuando haces esto o lo otro, me siento feliz. Y estoy contando siempre con lo que hagas para sentirme feliz".

Cuando crees que tu felicidad depende de lo que otra persona haga, estás creando un camino de mucho dolor porque nadie puede apenas acercase a conducirse lo suficiente como para mantenerte en alineación. Solamente *tú* puedes hacerlo a través de tus elecciones *a favor de la corriente.* Nadie más puede ni siquiera comenzar a comprender el Depósito Vibratorio que tú has acumulado. Estás literalmente pidiendo lo imposible cuando dependes de la conducta de otra persona para mantenerte feliz.

La falta de libertad que siente tu pareja puede depender de que él crea que tu felicidad depende de él, y esto es asfixiante...

Estas personas, generalmente, dejan a su pareja en búsqueda de más espacio y libertad.

Pero siente la suavidad *a favor de la corriente* si alguien te dijera:

> Me encanta estar contigo y ahora mismo me siento de maravilla a tu lado. Además, asumo toda la responsabilidad por lo que siento siempre. Tengo el poder de dirigir mis pensamientos, sin importar lo que sea, para mantenerme en alineación con *quien en verdad soy* y sentirme bien. Eres libre de vivir tu vida como te plazca y yo estaré bien. Me encanta estar contigo, vivir contigo y amarte, pero mi felicidad es *mi* responsabilidad.

Una pareja que busque la felicidad y la alegría se sentiría fascinada en una relación así, porque ese tipo de comprensión ofrece la base para una relación Eterna de gozo. Cuando dos personas comprenden que pueden vivir y amar y expandirse juntas infinitamente, jamás habrá una razón para alejarse o buscar en otro lugar, porque esa libertad que la mayoría está buscando desesperadamente está presente plenamente en donde están.

Cuando estés en alineación con *quien en verdad eres* y con esa relación que has recreado, hacia donde te está llamando tu *Ser Interior*, es posible que este hombre fluya de regreso fácilmente hacia tu experiencia...; pero, en verdad, eso es irrelevante (y sabemos que no deseas escucharlo ahora). Cuando logres la alineación y comiences a fluir consistentemente *a favor de la corriente,* será entonces posible que te llegue la relación de tus sueños. Lo sabrás cuando la veas, y no te importará el rostro específico que esté tras ella, porque será la pareja ideal que has pasado tu vida identificando como la que deseas... Cada supuesta relación fracasada que has experimentado, te ha ayudado a evolucionar tu Depósito Vibratorio. Está listo para ti. La pregunta es solamente: *¿Estás lista para él?*

Comienza entonces donde estás (puesto que no tienes otra opción), y trata de encontrar pensamientos que te hagan sentir cada vez mejor:

No tengo idea de lo que voy a hacer.

No quiero pararme de la cama.

No quiero ver a mis amigos ni a mi familia.

Sólo quiero que me dejan sola.

Esas afirmaciones de impotencia y abandono van claramente *contra la corriente*, pero es perfectamente normal cuando comienzas el proceso. Te ha sido útil expresarlas porque al hacerlo, has amplificado en tu interior la vibración de donde estás, y lo más útil de saber dónde estás es que eres capaz de sentir la mejoría en tu vibración, tan pronto haces un esfuerzo por encontrar pensamientos de mejoría.

Le he entregado una gran parte de mi vida a esta relación.

Creí que teníamos un compromiso de por vida.

Siempre cumplo <u>mis</u> promesas.

Jamás haría lo que él hizo.

No merezco esto.

Estas afirmaciones demuestran una ligera mejoría. Aunque siguen enlazadas a tus sentimientos de impotencia, te sientes un poco mejor cuando recurres a tus recursos para defenderte. En un sentido, es importante advertir que cualquier cosa *a favor de la corriente* es mejor que un sentimiento de impotencia. Algunas personas que te observen pasar de un sentimiento de impotencia a uno de ira podrían muy bien advertirte que tengas cuidado con tu ira, pero ellos no pueden calibrar la mejoría en tu alineación vibratoria. Desde su perspectiva, puesto que ellos no sienten la impotencia que tú sientes, la ira podría muy bien ser considerada como un pensamiento *contra la corriente*.

Pero este es tu Flujo, no el de ellos, y solamente tú sabes cuáles pensamientos te ofrecen alivio y cuáles no. Es posible que te pases unos cuantos días, quizá semanas, en un modo de ira o venganza, pero no es necesario, porque cuando comprendes que tienes una opción ahora mismo, no hay razón para permanecer en el molesto lugar (en comparación) de la ira y la venganza.

Vale la pena anotar que desde tu lugar de impotencia, la emoción de la ira o la venganza se siente *más* cómoda *(a favor de la corriente);* pero, desde un lugar de frustración, la emoción de la ira sería *menos* cómoda *(contra la corriente).* Tu trabajo es seguir buscando pensamientos y sentimientos de mayor alivio y confort. De este modo, reemplazar tus sentimientos de impotencia con sentimientos de ira puede ser el siguiente paso lógico en tu movimiento *a favor de la corriente:*

No merezco esto.

Merezco una pareja que desee estar conmigo.

No tengo la intención de aferrarme a alguien que desee estar en otro lugar.

Mi vida no depende de una persona que no puede mantener sus compromisos.

La vida es muy corta para desperdiciarla con alguien así.

Se han escrito miles de libros respecto a las relaciones personales. Autores, expertos y consejeros han intentado señalar lo apropiado de varias actitudes o conductas. Pero la mayoría omite por completo la noción de que no solamente existe una actitud o una opinión correcta respecto a cualquier tema, por dos razones en extremo importantes:

1. Primero que todo, no tienes acceso a todos tus pensamientos desde donde estás ahora mismo.

2. Lo apropiado del pensamiento solamente es relevante a donde estás ahora mismo.

En otras palabras, nadie sabe cuáles son los pensamientos que son apropiados para ti. Pero *tú* sí lo sabes: tu *Sistema de Guía Emocional* te lo está diciendo.

Ahora que has descubiertos un sentimiento mejorado de ira, sigamos buscando mejoría en lo que sientes:

En cierta forma, me alegra de que se haya acabado.

Por lo menos ahora no nos gritamos.

Ahora que todo se ha dicho, siento una extraña sensación de alivio.

No tengo que entenderlo todo ahora.

Me siento agotada.

Advierte el alivio que sientes. Has llegado a cierta resignación respecto a lo ocurrido y a la aceptación de lo *que es*. Pero lo más importante es notar aquí que ha disminuido tu "lucha en contra de algo". Al reducir la resistencia estás permitiendo que el Flujo te lleve, sin esfuerzos, *a favor de la corriente:*

Las cosas a veces encuentran una forma de resolverse solas.

Siempre he sabido salir adelante.

Terminaré por encontrar mi equilibrio.

Un sentimiento de esperanza ha comenzado a surgir en tu interior y desde ahí flotas con verdadera suavidad. Una vez que logras llevarte *deliberadamente* hacia un sentimiento de esperanza, el poder de tu sueño y *quien en verdad eres,* te llamarán a avanzar. Has logrado una gran proeza, sencillamente haciendo esfuerzos por sentirte mejor.

Con frecuencia, en situaciones tan importantes como ésta que afectan tu vida de tantas formas, te encuentras regresando a algunos de esos pensamientos *contra la corriente* que por ahora has dejado atrás. Puedes sentirte tentada a contarle tu experiencia a una amiga o a un pariente; y al hacerlo, puedes reactivar tus sentimientos de ira e incluso de depresión. Sin embargo, al haberte una vez enfocado conscientemente en una emoción de mucha mejoría respecto a este tema, ahora posees el conocimiento para hacerlo de nuevo. En tu progreso, te sentirás importante para ti misma, sin tener que contar a la defensiva los detalles de tu saga personal y tu avance *a favor de la corriente* hará que continúe la marcha hacia todo lo que deseas (lo que tu vida te ha ayudado a definir).

Ejemplo 17

Mis hijas no me respetan

Ejemplo: "Soy madre soltera y estoy criando tres hijas adolescentes que me tratan muy mal. No estoy segura cuándo empezaron a ir mal las cosas, pero ninguna de ellas parece respetarme. Cuando eran pequeñas, eran niñitas realmente encantadoras. A veces peleaban entre ellas, como lo hacen todos los niños, pero cuando yo me interponía y les decía que dejaran de hacerlo, me escuchaban y por lo general hacían lo que les pedía.

"Pero eso es ya cosa del pasado. No sólo no hacen lo que les pido que hagan, sino que se ríen de mí, ponen los ojos en blanco y se burlan. Es como si se hubieran aliado contra mí. No sé cómo ocurrió ni cuándo, pero es muy incómodo. ¿Cuándo perdí el control?".

Aunque existe una increíble variedad en las dinámicas de las familias en tu cultura, existe una creencia básica que tienen muchos padres y que es opuesta a las Fuerzas Universales, además, desde nuestra visión, es la causa de mucha confusión y discordia familiar. Y tú última frase da exactamente en el clavo: "¿Cuándo perdí el *control?*".

Por supuesto, es posible controlar la conducta de otra persona hasta cierto grado (especialmente de un niño que acaba de llegar a este mundo, que es pequeño y dependiente), pero el concepto de controlar a otro ser, o de ser controlada tú misma, no era tu propósito cuando tomaste la decisión de venir a esta realidad de tiempo y espacio. Sabías, desde esa posición estratégica más amplia, que todas las cosas se atraen vibratoriamente, y por lo tanto, era obvio para ti en ese entonces que lo único que requerías para la creación de algo que desearas era colocar tu atención en el objeto de tu deseo y mantener esa Conexión hasta la actualización física. No hace falta control, manipulación, justificación ni trabajo arduo, sino la atención pura y sin resistencia al objeto de tu deseo.

¡Qué vida tan libre y maravillosa tienes cuando nadie trata de controlarte y cuando tú no tratas de controlar a nadie!

Naciste con instintos básicos, no solamente para sobrevivir en este ambiente, sino también para sobrevivir de forma *gozosa*. Has venido al mundo como una creadora poderosa y tu intención, sin excepción, era explorar posibilidades, llegar a tus propias conclusiones respecto a lo que deseas y crear —a través del poder de tu enfoque alineado— tu propia realidad. En consecuencia, cuando otros se entrometen en tu experiencia y proclaman que *ellos* son quienes deciden lo que debes crear, desear, pensar o hacer, sientes discordia en tu interior..., como una rebelión, lo que indica la dirección de tus pensamientos *contra la corriente*.

Cuando comprendes las *Leyes del Universo* y la naturaleza independiente y creativa de tus hijas, es posible ofrecerles la Guía amorosa que será bien recibida sin pasar por encima de su creatividad. Cuando comprendas que tus hijas, como tú, han venido al mundo a crear sus *propias* experiencias de vida, comprenderás por qué se rebelan cuando alguien intenta arrebatarles eso. Para algunas personas, el sentimiento es tan intenso como si les colocaran una almohada en su rostro y la presionaran hasta quitarles el oxígeno.

Algunos padres en situaciones extremas creen que cuanto más se rebela un hijo, mayor debe ser el control que debe aplicarse. Algunos padres son estimulados por otros maestros del control parental para establecer un ultimátum y mantenerlo hasta que los hijos finalmente se rindan y les cedan el poder de regreso ("quebrantar" el espíritu de los hijos es similar a "domar" un caballo salvaje, haciendo que hagan dócilmente lo que los padres les están pidiendo). Y aunque estamos de acuerdo en que amansar a estos chicos puede brindar un hogar más organizado y tranquilo, no animamos a quebrantar el espíritu de nadie.

El tema de la <u>crianza</u> es un asunto importante y las personas llevan mucho tiempo luchando por descubrir como abordarlo. <u>Ninguna relación entrena a un individuo para su experiencia de vida de forma más poderosa que la relación entre padres e hijos pues, desde sus inicios, lo prepara para establecer esos primeros tonos vibratorios que luego la mayoría lleva durante toda su vida hasta la tumba.</u>

Este tema no es nuevo en su cultura o ambiente, y jamás llegará a su alineación hasta que enfoquen el tema *vibratoriamente* a través del *pensamiento,* en vez de a través de la *acción* (seas padre o hijo, o ambos). Lo que a menudo sale mal en la mayoría de las relaciones entre padres e hijos es que el padre, molesto en este momento por cualquier motivo, trata de dirigir al hijo a través de palabras y acciones. En otras palabras, este padre no está en alineación con los recursos de la Perspectiva Más Amplia; ahora se relaciona con el hijo desde este estado de desconexión y así, jamás sale nada bueno.

Pueden escribirse escenarios infinitos (y se han escrito) explicando la variedad de malas conductas tanto de parte de los padres como de los hijos, pero todos los casos de conducta indeseada podrían resolverse si se comprendieran las premisas tan importantes que les diremos a continuación:

A LOS PADRES:

- Ustedes les han proveído a sus hijos el medio para vivir esta experiencia de vida.

- Ustedes no son los creadores de la experiencia de sus hijos.

- Sus hijos cuentan con recursos más poderosos para su guía y sabiduría que ustedes.

- Ustedes no son responsables por la creación de sus hijos mientras están aquí.

- Sus hijos poseen los recursos en su interior para cualquier cosa que deseen.

- Sus hijos son Seres de Energía Pura y Positiva que vinieron aquí con un gran propósito.

- El proceso de vida de sus hijos ya había comenzado antes de que ustedes los dieran a luz.

- Sus hijos poseen en su interior un *Sistema de Guía* poderoso y preciso.

- El mayor valor que pueden ofrecerle a sus hijos es ayudarlos a mantener su Conexión con su propia Energía de la Fuente.

- Ustedes no pueden ayudar a sus hijos en su Conexión con la Energía de la Fuente a menos que ustedes mismos estén conectados.

- Su trabajo no es controlar a sus hijos.

- Toda lucha, sentimiento de malestar, discordia, pelea o crisis que experimenten con sus hijos, ocurre mientras ustedes no están conectados con su Energía de la Fuente.

- Su alineación, su Conexión con su propia Energía de la Fuente, es más importante que su relación con sus hijos y *ése* es el control que deben buscar.

- Cuando están enojados con sus hijos, no están en alineación con *quienes son en verdad* y la molestia que sienten es de su propia obra.

A LOS HIJOS:

- Sus padres les han proveído este maravilloso medio para venir a esta realidad de tiempo y espacio.

- Aunque sus padres en verdad desean lo mejor para ustedes, ellos no tienen forma de saberlo.

- Ustedes no vinieron a recibir órdenes de nadie.

- Ustedes son los creadores de su propia experiencia.

- Ustedes son una extensión de la Energía de la Fuente y han venido aquí con un gran propósito.

- Saben si van por su camino según como se sienten.

- Sin embargo, puesto que sus padres llevan aquí más tiempo, tratarán de ofrecerles el beneficio de su sabiduría.

- Mucho de lo que ellos han aprendido será de valor para ustedes.

- Como sus padres llevan aquí más tiempo, es menos probable que ellos sientan esa Perspectiva Más Amplia tanto como ustedes.

- Cuando permanecen conectados con la Energía de su Fuente, siempre sabrán si es apropiado hacer algo que están considerando.

- Es probable que sus padres intenten algunas medidas de control, pero ustedes no tienen que luchar contra ese control, pues ustedes tienen su propio control. Ustedes controlan su vida y su propia realidad ofreciendo pensamientos que concuerdan con sus intenciones más amplias.

- Cuando ustedes se enojan con sus padres, no están en alineación con *quienes son en verdad,* y la molestia que sienten es de su propia obra.

Las personas a menudo se estancan en los detalles de su evaluación de las acciones de los demás y de lo apropiado o inapropiado de esas acciones, pero así no se encuentran resoluciones reales.

Se forman comités y se hacen estudios con el fin de encontrar los mejores métodos de crianza, y las opiniones sobre este tema son tan numerosas como los granos de arena en una playa. Los métodos varían de poco a mucho control, de mucho a poco control a más control, pero la clave para las relaciones maravillosas y la crianza productiva ha estado con ustedes todo el tiempo.

Cuando ofrecen pensamientos respecto a sus hijos y prestan atención a cómo se sienten, encontrarán la Guía perfecta de la crianza y de todo lo demás.

Comienza entonces donde estás:

Debo controlar a mis hijas.

No puedo controlar a mis hijas.

Mis hijas son incontrolables.

Mis hijas incontrolables están destinadas a una vida de problemas.

Tengo que encontrar la forma de controlar a mis hijas.

Todas estas afirmaciones te hacen sentir mal *(contra la corriente)*, lo que significa que tu *Ser Interior* está pensando de forma muy distinta sobre tu papel como madre.

Si no controlo a mis hijas, seré percibida como mala madre en la escuela.

Esta afirmación te hace sentir mal porque tú *no* puedes controlar a tus hijas, pero la escuela de tus hijas está intentando ejercer control sobre *ti*. Nada de eso corresponde con tus intenciones más amplias respecto a tus hijas.

Mis hijas no me respetan.

Si no me respetan, no respetarán a otros adultos, y eso tendrá un impacto negativo en sus vidas.

Piensas que el dolor que sientes es debido al irrespeto de tus hijas por ti, pero el dolor emocional en verdad es respecto a tu discordia con tu propio *Ser Interior*. En otras palabras, tus pensamientos en este preciso instante no concuerdan con los pensamientos de tu *Ser Interior* respecto al tema. Es muy común intentar justificar una posición negativa porque en los niveles más profundos sabes que deberías sentirte bien. Entonces sigues explicando cómo las vidas de tus hijas se arruinarán si no haces nada referente a su falta de respeto, pero tu *Ser Interior* tampoco concuerda con *esa* lógica.

Por lo tanto, en vez de tratar de dilucidar todos los dilemas de la crianza desde el comienzo de los tiempos, comparando cada técnica y sus aparentes resultados con otra, deseamos que lleves esto a una sencilla perspectiva haciendo lo único sobre lo que tienes control y es la alineación de pensamientos, vibraciones y Energías en el interior de tu propio Ser.

Enfócate y comenta sobre este tema mientras sientes la armonía de tu Perspectiva Más Amplia. Intenta encontrar un pensamiento *a favor de la corriente* que se sienta mejor que el último y sigue con este proceso hasta que te hayas demostrado lo que tu *Ser Interior*, o tu *Fuente*, piensa respecto a tu responsabilidad como madre, respecto a ti y respecto a tus hijas:

Odio cuando mis hijas me ponen los ojos en blanco así.

Lo hacen frente a mí y ni siquiera les importa cómo me hace sentir.

Esto es lo que ha ocurrido y te *sientes* mal al respecto. Ahora intenta encontrar algunos pensamientos *a favor de la corriente* sin pedirles que cambien su conducta, porque tú tienes control sobre *tus* pensamientos y sentimientos, pero no tienes control (según la experiencia te lo ha demostrado) sobre la conducta de *ellas*:

No es algo personal; ellas no respetan a <u>ningún</u> adulto.

Esto no te hace sentir mucho mejor porque sigues preocupada por su conducta irrespetuosa y cómo impactará sus vidas futuras.

Ahora no deseamos que pases el tiempo explicando *por qué* tus pensamientos se sienten mejor o peor, ya que eso sólo desacelera las cosas y tiene el potencial de llevarte hacia otras direcciones incómodas. *Sólo haz un esfuerzo por sentirte mejor según los pensamientos que <u>tú</u> elijas.*

Este es un buen momento para recordarte que mientras intentas avanzar tu bote contra la Corriente, que sientas la diferencia entre aferrarte con firmeza a tus remos o soltarlos y dejarte llevar por el flujo. Intenta soltar el control de tus hijas y observa si eso te ofrece sentimientos de alivio:

He tratado todo lo que se me ha ocurrido.

He leído todos los libros que me han llegado a las manos.

Es en lo primero que pienso cuando me levanto y en lo último que pienso antes de dormir.

No sé qué hacer.

Me doy por vencida.

Ahora enfócate sólo en lo que *sientes*. Experimenta el *alivio* de darte por vencida..., de soltar los remos. Intenta recordar que hay valor en el *alivio*, pues significa que tu resistencia se ha reducido. Cada minuto de malestar que has sentido en tu relación con tus niñas, ha añadido más deseos específicos en tu Depósito Vibratorio respecto a tu relación con ellas y respecto al éxito de sus vidas, y justo ahora, al liberarte, comienzas a moverte hacia esos deseos. Y ahora tienes acceso a otros pensamientos de mejoría:

No tengo que resolverlo todo ahora.

Quizá no es mi trabajo planificar sus vidas.

No hay suficientes horas en el día para resolver todos los complicados detalles de las vidas de mis hijas adolescentes.

Creo que he pasado demasiado tiempo tratando de hacer eso.

Hay otras cosas en las que podría pensar.

Ellas son una parte my importate de mi vida, pero tengo la mía propia.

Se siente bien pensar en darle un descanso al tema de las niñas.

A mis niñas probablemente también les encantará.

Ahora te sientes mucho más liviana. Desde tu posición vibratoria actual, incluso tus últimos sentimientos negativos se sienten un poco raros. Estás sintiendo un ligero humor en la idea de que tus niñas apreciarán tanto como tú que te hayas relajado:

¡No sabrán qué hacer si no estoy sermonéandolas todo el tiempo!

Será divertido ver su sorpresa en vez de verlas poniendo los ojos en blanco.

No es posible que algo salga peor porque yo decida retractarme, puesto que lo que he venido haciendo ciertamente no ha provocado resultados positivos.

Me gusta la idea de ver a mis hijas a través de los ojos amorosos de mi propio Ser Interior.

Esos antiguos sentimientos maravillosos son muy familiares.

Recuerdo ver a cada una de ellas como perfecta, y sentirme feliz respecto a su futuro.

En realidad, deseo regresar a esos sentimientos respecto a ellas.

Me pregunto qué hora será... debe faltar poco para que lleguen a casa.

Me encantará verlas.

Esto va a ser divertido.

Ciertamente, no estamos sugiriendo que ahora todos tus problemas con tus hijas se habrán resuelto por completo con este corto ejercicio, pero lograste tu alineación con tu Fuente. Y si sigues determinada a encontrar pensamientos de alivio cuando surjan circunstancias incómodas, estas relaciones se transformarán.

Cuando tus niñas comiencen a seguir el ritmo de tu voluntad de no solamente *permitirles* crear su propia realidad, sino además *estimularlas* a que lo hagan, la mayoría de su lucha contra ti se detendrá. Será como si hubieras retirado la almohada de sus rostros y el forcejeo se detuviera de inmediato... Y entonces, todas podrán regresar a sus propios botes individuales y seguir sus jornadas gozosas en esta maravillosa experiencia de vida.

ᴇᴋᴋ ᴋᴩᴩ

Ejemplo 18

Se roban mis ideas creativas

Ejemplo: "Llevo los dos últimos años trabajando como redactor independiente. Someto mi trabajo a un número distinto de publicaciones y estoy llegando a ser muy conocido. Estoy ahora en el punto en que puedo mantener a mi familia con mis artículos ya que las oportunidades de trabajo fluyen constantemente.

"Desde hace poco, amigos y colegas me han estado enviando copias escritas por otras personas que claramente han estado usando información originada en mi trabajo. Cambian unas palabras aquí y allá para intentar esconder el hecho de que está basada en mis artículos, pero es obvio que lo único que están haciendo es redactar de otra manera mi trabajo.

"Primero que todo, es muy molesto cuando pienso en todo el esfuerzo y el tiempo que me ha tomado la creación de mi trabajo. Segundo, es claramente un plagio y no entiendo cómo es posible que se sientan bien al respecto. No ando por la vida buscando lo que los demás hacen para luego copiarlo para mi propio beneficio. ¿Dónde está su orgullo?

"Pero lo que más me molesta de todo es que tomen mis ideas claramente analizadas y las mezclen con conceptos que no son válidos, y luego terminen añadiendo más confusión y desorden que claridad a los conceptos. ¿Por qué no crean ellos sus propios conceptos novedosos?".

Llevas un tiempo recolectando datos y es natural que tengas tu propia visión del mundo, y también es normal creer que *tu* visión del mundo es la correcta. De esa manera, cuando observas la conducta de otros seres humanos en tu planeta, es lógico que compares tu visión con la conducta ajena y a menudo llegues a la conclusión de: "¡Yo jamás haría eso!". También activa en tu interior un sentimiento de que debes controlar la conducta ajena, con el fin de evitar que hagan cosas inapropiadas como ésas.

Las guerras libradas con palabras, y toda suerte de armas, siguen siglo tras siglo mientras los humanos luchan por discernir los detalles de la experiencia humana, en busca de la conducta y la ideología "correctas". Pero, en verdad, no están más cerca hoy en día, después de su más reciente guerra, que sus predecesores cuando libraron la primera, pues no existe una forma correcta de conducirse, pensar o vivir.

A menudo, los humanos creen que el objetivo de la vida es descubrir la forma correcta de vivir y luego convencer (o forzar) a todos los demás a aceptarla, pero eso se opone directamente a lo que ustedes saben desde su Perspectiva Más Amplia, así como a las intenciones que tenían cuando llegaron a esta realidad física del tiempo y el espacio. Antes de su nacimiento, en este plano terrenal, jamás fue su intención intentar reducir el Universo eliminando sistemáticamente una idea mala tras otra, hasta que quedaran con un puñado de buenas ideas, pues entendieron que la expansión es inevitable en este Universo Eterno. Y, lo más importante, ustedes entendieron que la variedad de ideas —tanto buenas como malas— es necesaria para la Eterna expansión. Les decimos esto porque comprendemos el tremendo beneficio que obtienen cuando dejan de insistir en lo *correcto* de su punto de vista, mientras añaden un énfasis equitativo a lo *incorrecto* de otro.

No importa qué tan popular o correcto, según cualquier estándar, sea tu punto de vista, pues mientras estés oponiéndote a las ideas de los demás, estás activando una vibración contradictoria en tu interior que impide que obtengas el beneficio de tu idea preferida. Y entonces, si eres como la mayoría, culpas a los demás con sus visiones opuestas por tu propio fracaso para promover tu idea de lo bueno. Y la batalla continúa.

Cuando recuerdes que eres el creador de tu propia experiencia y que nadie más tiene que estar de acuerdo con tus premisas, intención o conducta para que tú puedas lograr lo que sea que tengas la intención de lograr, entonces, y en verdad sólo entonces, estarás verdaderamente dispuesto a permitir que los demás hagan lo que desean.

No es necesario que estés de acuerdo con los demás seres que comparten tu planeta, pero es esencial que estés de acuerdo con tu propio Ser. Y cuando lo hagas, las ideas beneficiosas que promueven el bienestar general de todo y de todos en tu planeta fluirán desde ti.

No permitas que la conducta de otra persona, sin importar lo malintencionada que parezca (desde tu punto de vista), te prive del poder, la claridad y la alegría que son lo que verdaderamente eres.

Puedes desperdiciar toda tu vida tratando de entender la conducta ajena, categorizando conductas en pilas de "correcto"; "incorrecto"; "muy, muy incorrecto"; "medio incorrecto"; "no tan incorrecto"; "bastante incorrecto"; "no tan incorrecto como otras cosas"; "casi correcto"; "más correcto"; "aún más correcto"; "muy, muy correcto," y así por el estilo...

Y no es muy distinto decir: "Nunca haría algo así". Puede ser que no lo hagas porque no te parece correcto a *ti*. Puede ser que ya estés consciente de la Conexión entre tú y tu *Ser Interior* No Físico más amplio, y puedes muy bien saber claramente cuáles conductas están *en* tu sendero y cuáles *no*. Pero, simplemente, no puedes alcanzar con precisión la posición estratégica en el interior de los demás, entre quienes son ahora mismo y su parte expandida. No puedes evaluar con precisión lo apropiado de su conducta, no importa cuál sea su conducta; y cada vez que intentas decidir lo que otra persona debería o no debería hacer te alejas de tu sendero.

Y eso, mi amigo, es realmente lo que te molesta. No es cuestión de que te roben o corrompan tus ideas. Ni siquiera es cuestión de que se reduzcan tus audiencias ni las de la competencia en el mercado. El meollo de tu malestar cuando te enfocas en estos plagiarios es tu propia falta de alineación con *quien en verdad eres*.

"Si esa persona se condujera de forma distinta, me sentiría mejor". No hay trampa mayor que ésa, porque no solamente no puedes controlarlos —sin importar lo poderoso que sea tu ejército—, sino que además se opone francamente a tu propia razón de Ser y a tu naturaleza Eterna.

Cuando descubres el factor de alivio que está disponible a través de tu intención *a favor de la corriente*, descubres el sendero a la verdadera libertad; la libertad de la esclavitud que surge de intentar controlar a los demás cuando tu único trabajo es controlar la vibración de tu propio Ser.

La mejor parte de esta revelación es que nadie más debe poseerla ni aplicarla. Puedes aplicarla ya sea que los demás lo hagan o no; y cuando lo haces, tu mundo se convierte exactamente en lo que deseas. Y ése es el "control" que has estado buscando. Ése es el secreto de la vida que los humanos han estado buscando.

Vamos a llevarte a través de una serie de afirmaciones, cada una con una mejoría respecto a la anterior, regresándote a la alineación perfecta con *quien en verdad eres*:

He pasado muchos años creando y diseminando el trabajo de mi vida.

Se siente mal que otros lo lean, les agrade, y luego cambien las palabras ligeramente para reclamarlas como propias.

Yo jamás haría algo así.

Siempre he hecho lo posible por otorgarle crédito a quien se lo merece.

Cada vez que recibo un beneficio por algo, lo reconozco.

Pedirles de forma amable no ha logrado ningún efecto.

Es evidente que ellos ven la vida de forma distinta a como yo la veo.

Existen leyes sobre derechos de autor que prohíben este tipo de cosas.

No me costaría trabajo probar que ellos han obtenido la esencia de su material de mi trabajo.

Hay cientos de miles de personas que están familiarizados con mi trabajo y me respaldarían.

Siempre tengo esa opción si decido proseguirla.

Pero sé que luchar contra los demás, incluso cuando veo que están equivocados, jamás ha sido bueno para mí.

Mi propia experiencia me ha demostrado que no hay escasez de recursos.

No es mi deseo ser la única voz que es escuchada.

Cuanto más otras personas ofrezcan palabras estimulantes al mundo, mejor.

Mi deseo de que las personas entiendan, también se cumple a través del trabajo de los demás; estamos en esto juntos.

Todo el mundo comienza en donde está, y si mi trabajo ha sido parte de las bases de sus comienzos, pues tanto mejor.

Nada me haría más feliz que ver a los demás encontrando la mejoría en sus propias experiencias de vida.

Estoy feliz de que haya tantas personas tratando de animar a este mundo.

Aplaudo con alegría que todos los demás estén haciendo realidad sus propios deseos.

Nunca soy menospreciado ante el éxito ajeno, al contrario, mi experiencia se mejora.

Adoro este Universo ilimitado.

Me siento vivo y lleno de emoción cuando comprendo que yo también soy ilimitado.

Me encanta comprender que los demás también son ilimitados.

◌◌◌ ◌◌◌

Ejemplo 19

Mi madre ha sido diagnosticada con Alzheimer

Ejemplo: "Mi madre ha sido diagnosticada con la enfermedad de Alzheimer y estoy muy preocupada por ella. Me preocupa cómo será su vida y cómo haré para cuidarla. El doctor dice que solamente está en la fase inicial de la enfermedad, pero que la misma puede progresar con rapidez y que debemos prepararnos. No tengo idea de cómo prepararme para algo así. Ella ha sido siempre una mujer muy inteligente que disfruta de una conversación y del intercambio de opiniones. No creo que pueda soportar verla perderlo todo".

Es útil recordar, cuando observas las experiencias de los demás, que tu perspectiva de su experiencia es siempre diferente de *su* perspectiva de su experiencia. En otras palabras, puede ser que tu madre no sienta la más mínima emoción negativa cuando su enfoque disminuya, mientras que tú te torturas una infinidad al respecto.

Cuando ves que parece disminuir la habilidad de enfoque de tu madre, puedes desear encontrar formas de llevarla a un estado más alerta de percepción. Algunos hacen mucho esfuerzo por inducir a sus seres queridos a que traten de enfocarse más, ofreciendo juegos y estimulaciones igual como intentarías motivar a un niño a que aprendiera algo. Pero estas personas bienintencionadas no comprenden algo muy importante respecto a la condición de sus padres: esta enfermedad es un sendero de menor resistencia que estos han creado para ellos mismos como una salida gradual de su experiencia física, y cualquier esfuerzo por intentar retenerlos aquí no los ayuda.

Es obvio que te sentirías mejor si tu madre llevara una vida alegre, clara y de agudeza mental, pero no puedes crearla para ella. La mayoría de las personas nunca encuentran una forma de llevarse a ellos mismos a un equilibrio alegre en una situación así, porque la mayoría depende de encontrar situaciones de mejoría antes de encontrar un sentimiento de mejoría. Pero como no hay forma de arreglar una situación como esta, por lo general, tampoco encuentran la forma de mantener su equilibrio personal.

"Dame una condición mejorada y luego me sentiré mejor" es lo que pide la mayoría, pero lo que en verdad hace falta de tu parte es la habilidad de mantener tu equilibrio y tu Conexión con *quien en verdad eres,* sin importar la condición existente. *Amor incondicional es "mantener mi Conexión con mi Fuente —la cual es amor— sin importar las condiciones que me rodeen".*

Tu madre, en esta situación, ha encontrado una forma de liberarse de los pensamientos que la mantenían fuera de alineación con *quien ella es en verdad;* y en su experiencia de la muerte, ella experimentará la Conexión plena. Sin embargo, al comprender lo que tus emociones te están diciendo, y al hacer un esfuerzo consciente por incrementar tus pensamientos de mejoría, llegarás a tu plena y total Conexión sin que haga falta la enfermedad de Alzheimer o la muerte.

Comienza entonces, desde donde estás ahora mismo, a llevarte a tu alineación sin pedir que tu madre cambie las condiciones de su experiencia:

No puedo soportar ver a mi madre perder el contacto con la vida.

Era tan inteligente; jamás pensé que esto podría pasarle.

Pero aunque veo su frustración, en verdad no es tan distinto a como ella se sentía antes.

De hecho, muchas cosas que la agravaban en el pasado, ahora parecen haber perdido importancia.

La frustración que ella demuestra parece haber reemplazado la ira que veía con tanta frecuencia.

En estos días, a menudo soy testigo de una especie de resignación pacífica en ella.

Se siente como si se hubiera liberado de penas con las que había luchado por tanto tiempo.

Su memoria es a menudo vívida respecto a algunas cosas.

Es evidente que esto no la hace sufrir tanto como a su amada familia.

Jamás pensé que mi madre viviría eternamente.

Nunca creí que mi madre viviría más que yo.

Aunque es difícil imaginar prepararse para la muerte de uno de nuestros padres, de alguna manera, esta enfermedad nos está preparando a todos.

Y, sobretodo, parece estar preparando a mi madre.

Cuando lo veo de esta manera, siento aprecio por lo ocurrido.

He llegado a comprender que todas las cosas funcionan para nuestro mayor beneficio.

A veces, las cosas que parecen fuera de equilibrio y que no son para nuestro beneficio, en verdad, <u>son</u> para nuestro beneficio.

Anhelo recordar que siempre estamos recibiendo bendiciones y que las cosas siempre nos salen bien.

Ejemplo 20

Mis subordinados en el trabajo no se llevan bien

Ejemplo: "Soy dueño de una pequeña empresa con unos veinte empleados. El negocio es rentable y estamos creciendo constantemente, pero hay veces que no estoy seguro de querer que siga creciendo. Parece que en cuanto más grande se convierte, más empleados se requieren, y cuantos más empleados contrato, más problemas causan. Creo que era más feliz cuando tenía una empresa más pequeña que yo mismo podía atender. Estoy muy cansado de las rencillas personales y de las mezquindades entre los empleados. Algunas veces me siento más como un padre o un maestro de una escuela de párvulos que como un jefe. Me gustaría que se entendieran, realizaran su trabajo y dejaran de causar tantas molestias".

Cuando te enfocas en tu empresa, tus empleados, tus clientes y tus productos, sientes que hay muchas cosas que considerar, administrar y controlar. Y cuanto más productos y clientes añades, más personas requiere tu negocio para realizarlo. Y en esos detalles es fácil perder de vista la parte más importante de tu creación personal: *la base de todo esto es la vibración. Tu negocio fue creado en virtud de tus pensamientos, no de tus acciones.*

Muchas personas sienten discordia con esta afirmación porque creen que están viendo el resultado del esfuerzo y la acción física.

Ciertamente, no estamos en desacuerdo con la idea de que viven en un mundo de acción y de que los resultados son atribuidos a las acciones. Pero cuando comprenden que su vibración representa un papel mucho más importante en el resultado del que producen con sus acciones y comienzan a poner más énfasis en sus vibraciones, pensamientos y emociones, descubren una influencia poderosa de su tiempo y Energía que afecta profundamente su resultado. En pocas palabras, logran muchos más resultados con mucho menos tiempo y esfuerzo.

Cuando te enfocas en un problema, pierdes tu Conexión con tu visión más amplia y luego las cosas comienzan rápidamente a deteriorarse. Cuando permaneces orientado hacia la solución, mantienes el acceso a esa visión más amplia, y no solamente encuentras soluciones rápidas a tus problemas, sino que además disfrutas del proceso constante de tu expansión inevitable.

No puede haber una expansión futura si tu presente no está pidiendo más soluciones. Y tu presente no puede pedir una solución sin un problema existente. Tu presente no puede pedir una respuesta si no existe una pregunta. En otras palabras, los problemas que deseas evitar en realidad son necesarios para la expansión que buscas. Al comprender esto, es posible lograr un ritmo gozoso de creación que pueden disfrutar tú y tus empleados.

Puesto que tu empresa —sin importar su estructura o producto— es una extensión de la vibración de tus pensamientos, la mayoría de su creación ocurrió antes de que se ensamblaran las piezas físicas. A través de tu consideración, tu cuestionamiento, tu especulación y tu decisión respecto a tus ideas, pusiste en movimiento tu empresa, y durante ese proceso de pensamientos, ofreciste muy pocos que tuvieran una naturaleza cohibidora.

Puesto que todo lo que existe en tu forma Física fue primero *pensamiento* y luego *forma,* pudimos ver tu empresa claramente incluso antes de que encontraras la estructura física para su localización y antes de que contrataras empleados y reunieras productos; y en ese estado vibratorio, había poca resistencia, y por eso se expandió rápidamente. *La parte más grande de la dirección positiva de la mayoría de las compañías ocurre antes de que el negocio comience; y para la mayoría, una vez que están en su lugar las localidades, los empleados y los productos, el impulso positivo cesa porque los creadores de los negocios comienzan a enfocarse en los problemas que surgen. La mayoría no permanecen enfocados en la solución.*

Si puedes comprender que lo que llamas *problemas,* en realidad son sólo *solicitudes de respuestas* de un Universo que puede proveer respuestas a cualquier pregunta y soluciones a cualquier problema —y que, de hecho, estas preguntas, respuestas, problemas y soluciones son el proceso a través del cual ocurre la expansión—, entonces puedes comenzar alegremente a ver con calma el desarrollo perfecto de tu propia y maravillosa empresa.

En vez de observar lo que está ocurriendo con tu empresa como mezquindades entre los empleados, lo verás como las oportunidades de creación que en verdad son y llegarás a apreciar la mezcla interesante de personas e ideas que has congregado.

La clave para el éxito de tu empresa y de tu felicidad personal es la misma: *debes encontrar _pensamientos_ agradables para ti, en vez de pedirle a tus empleados que se comporten de forma que te agrade. Sin importar lo que _ellos_ hagan, _tú_ debes encontrar la forma de sentirte complacido.*

Al insistir en sentirte bien, y trabajar en tus propios pensamientos hasta el punto en que te sientas bien la mayoría del tiempo, comienzas a alinearte con tus deseos siempre en expansión respecto a tu empresa; y el Universo te rendirá todo lo requerido para la manifestación física de estos deseos. Cuando observas el rango de voluntades, habilidades y personalidades de tus empleados, y cuando te fijas en las cosas que más te gustan de esa mezcla, el Universo te entrega más de eso. Si te enfocas en lo que debe cambiar, el Universo te entrega más de *eso.*

Nada atrae más rápidamente lo _peor_ en otra persona que tu enfoque en esto. Nada atrae más rápidamente lo _mejor_ en otra persona que tu enfoque en esto.

Algunos empresarios desean desentenderse de los detalles mezquinos de su organización para poder enfocarse en la visión completa y en ideas grandiosas, y ciertamente es valioso tener en la mente la visión completa. Pero no es tu atención a los aspectos "mezquinos" de tu empresa lo que te está desgastando, es el enfoque en aspectos que causan en ti una desconexión. Cada vez que te hagas consciente de que hay un "problema", obsérvalo sencillamente como una pregunta que está invocando una respuesta, la respuesta llegará rápidamente y habrás disfrutado del proceso de expansión. Es decir, no son los detalles los que te desgastan, sino tu propia Energía dividida.

Si eres capaz de atender tu propia Energía y mantener tu Conexión con tus deseos en evolución respecto a tu negocio, llegará más gente talentosa a atender cualquiera de los detalles de los que deseas liberarte, haciendo que estés disponible para atender los aspectos de tu empresa que más te agradan.

No hay final en la expansión de tu empresa ni de tu ser. Comienza entonces donde estás y busca pensamientos de alivio *a favor de la corriente*. Puesto que estás comenzando en un lugar de frustración, no de desesperanza ni de depresión, será relativamente fácil para ti llegar a la alineación con tu deseo de una empresa eficiente y agradable, y lo más importante, con *quien en verdad eres*.

Estoy muy cansado de lidiar con pugnas de personalidad en mi oficina.

Estas personas salieron de la escuela secundaria hace años, pero en sus enfrentamientos mezquinos parece que siguieran estando ahí mentalmente.

Tengo muchas cosas importantes a las que debo prestarle mi atención.

Mis empleados son importantes para mí.

El Bienestar de mis empleados también es importante para mí.

Siempre deseé un ambiente de trabajo agradable para mis empleados.

Pasan una gran parte de sus vidas trabajando en mi compañía.

Es comprensible que deseen que las cosas sean cómodas para ellos.

Cuando uno se enfrenta con una situación desagradable, es normal tener una reacción instintiva.

La vida es cuestión de explorar el contraste, y eso es lo que ellos estaban haciendo.

Sabiendo lo que no quieren, descubrirán lo que sí quieren.

Puede ser que a ellos no les moleste esto tanto como a mí o como yo pienso que les molesta.

Están realizando su trabajo.

Su felicidad no es mi responsabilidad.

Sólo me siento infeliz porque me estoy enfocando en lo negativo.

No debería pedirles que se comporten de forma distinta para que yo me pueda sentir mejor.

Estas personas que trabajan en mi oficina tienen muchos aspectos positivos.

Cuando me enfoco en la larga lista de aspectos positivos, esta situación desagradable desaparece ante mí.

Es mi deseo que ellos encuentren como hacer que desaparezca también para ellos.

Me encanta ofrecer un ambiente de expansión así como de prosperidad.

Amo a estas personas.

❧❧❧ ☙☙☙

Ejemplo 21

Mi esposo piensa que esta filosofía es una tontería y no quiere saber nada al respecto

Ejemplo: "He estado leyendo sobre la *Ley de Atracción*, y para mí, tiene todo el sentido del mundo. Entonces trato de prestarle atención a lo que estoy pensando y diciendo, y he estado trabajando con algunos de los *Procesos* para mejorar mi vida, pero mi esposo no cree en nada de estas cosas. Incluso se enoja cuando piensa que estoy aplicando deliberadamente alguno de los *Procesos*. Y en cuanto más consciente estoy de cómo funciona la *Ley de Atracción*, más me molestan las cosas negativas que mi esposo dice.

"Me gustaría que él tratara de aprender esto. Siento que si trabajamos juntos, podemos realmente mejorar nuestras vidas. Pero puesto que mi esposo ni siquiera lo intenta, ¿sus pensamientos negativos no serán un obstáculo para mis pensamientos positivos?".

Los pensamientos ajenos no tienen poder en tu creación, es decir, a menos que tú estés *pensando* en los pensamientos de ellos. *Cuando piensas en los pensamientos de tu esposo, estos se convierten en <u>tuyos</u>, y entonces afectan el equilibrio de tu creación.*

Cuando tu vida se entrelaza con la de otra persona, a menudo sientes que tienes que estar de acuerdo en todo con esa persona y "trabajar en equipo", por llamarlo así, en las cosas que están creando. Pero deseamos que comprendas que no necesitas a otro para hacer "equipo" contigo, porque el Flujo de la creación contiene todo el poder necesario en un "equipo". Sin embargo, no puedes trabajar en tu propia contra y llegar a donde deseas llegar.

La razón por la cual a veces sientes que alguien es un obstáculo en tu vida, es sólo porque estás luchando contra algo. Por ejemplo, digamos que sientes un fuerte deseo de mudarte a una nueva casa en otro vecindario, y que tu esposo dice que prefiere quedarse donde está. Si tú sólo te dedicaras a pensar en tu nueva casa, tus pensamientos diarios serían Correspondientes Vibratorios con tu deseo de una nueva casa, y en la ausencia de resistencia, ocurrirían circunstancias y eventos para acomodar tu deseo.

No obstante, si piensas en la decisión contraria de tu esposo, manteniendo en tu mente la justificación constante de por qué deseas la nueva casa y sintiéndote infeliz respecto a su negativa a siquiera considerar la idea, entonces tus pensamientos diarios no corresponden con tus deseos. Al pensar en los pensamientos opuestos de tu esposo, habrías introducido resistencia en tu mezcla vibratoria, y no avanzarías hacia el resultado deseado. Es decir, tu atención a las decisiones de tu esposo te dirigiría en contra de tu propio deseo. De esa manera, sentirías como si él fuera el problema, cuando en verdad el problema estaría en tus propios pensamientos.

Algunos dirían: "Pero si mi esposo estuviera de acuerdo conmigo, yo no tuviera estos pensamientos contradictorios". Obviamente, es más fácil sentirse bien cuando lo que observas es lo que deseas ver, y es lógico que sería más fácil para ti alinearte con tu deseo, si tu esposo estuviera plenamente de acuerdo contigo. Pero es un engaño creer que tus creaciones saldrían mejor si todas las personas que te rodean cooperaran contigo, porque en la mayoría de los casos, las personas que te rodean no se enfocarán contigo en la dirección de tus deseos, pues cada persona tiene sus intereses personales y egoístas, los cuales captan gran parte de su atención.

La realización de que no necesitas el consentimiento de nadie para crear lo que deseas es verdaderamente liberadora. Cuando dejas de incluir los pensamientos opuestos de los demás en tu mezcla vibratoria, tu poder de influencia se incrementa poderosamente.

En el tiempo que tu esposo lleva viviendo contigo en esta casa, ha descubierto cosas que le gustaría mejorar. Al igual que tú, cuando no encuentra espacio para algo, lanza proyectiles de deseos de mayor espacio. De hecho, nos gustaría que comprendieras que tu esposo también tiene una casa más grande y mejor en su propio Depósito Vibratorio. Pero él ha estado aplicando su lógica a la idea y ha determinado que una nueva casa causaría agobios financieros, sería difícil de conseguir y se tomaría más tiempo establecerse en ella. En otras palabras, aunque también desea muchas de las cosas que tú deseas, y por las mismas razones, está contradiciendo sus deseos con sus pensamientos "prácticos". Entonces, no sólo es *tu* deseo parte de la fuerza impulsora de esta Corriente, sino que además el deseo de tu esposo está originando la Corriente. Es decir, él está ayudando a la creación de tu nueva casa, lo sepa o no.

Por consiguiente, ahora que ambos han creado en tu Depósito Vibratorio, ese lugar maravilloso para vivir, y ahora que ya no estás usando las preocupaciones de tu esposo como excusa para contradecir tu propio deseo (y por lo tanto, estás en perfecta alineación con tu nueva casa), la casa debe llegar. Llegará de una forma cómoda que será aceptada fácilmente por tu esposo.

Nadie tiene el poder de privarte de nada. Y cuando lo comprendas y dejes de luchar contra todo, todas las cosas que deseas fluirán fácilmente en tu experiencia. Y con el tiempo, a través del poder de tu ejemplo, puede ser que tu esposo llegue a comprender que estas *Leyes del Universo* no son "tonterías" en absoluto, sino que son poderosas, consistentes, comprensibles, aplicables... y es muy divertido trabajar con ellas.

Es de mucho valor para ti comprender que incluso, aunque tu esposo pueda enfocar la vida de forma diferente a como tú lo haces ahora mismo, su vida está funcionando para él de cualquier manera. Déjalo *pensar* como piensa, *ser* como es, y *desear* lo que desea, porque al hacerlo, nada respecto a él logrará ser un obstáculo para ti. Pero si intentas "reformarlo", es muy probable que te enfoques en aspectos indeseados, lo que incluirás en tu mezcla vibratoria, lo que será un obstáculo para tu creación, lo que podría, con el tiempo, ocasionar que sintieras resentimiento hacia él por impedir (supuestamente) que se te realicen tus deseos.

Todas las personas en tu vida —amigos, extraños, incluso enemigos— pueden contribuir positivamente en tu Proceso Creativo. Pero tú eres quien determina si ellos añaden beneficios o perjuicios, porque tú eres quien los ve de manera resistente <u>contra la corriente,</u> o de manera permisiva <u>a favor de la corriente</u>.

Comienza entonces donde estás y busca un sentimiento de mejoría *a favor de la corriente*:

Nuestra vida podría ser mucho mejor si mi esposo tratara de ser más positivo.

Estos Procesos realmente funcionan para mí, pero él se rehúsa siquiera a considerarlos.

Si tan sólo los tratara, sé que se beneficiaría.

Si tan sólo los tratara, sé que yo me beneficiaría.

Cuando me preocupo por lo que está haciendo, en verdad no estoy aplicando los Procesos.

Incluso alguien tan cercano a mí como mi esposo, no tiene que afectar mi punto de atracción.

No estamos en desacuerdo en todo.

Aunque es agradable que estemos de acuerdo, no es necesario para obtener todo lo que deseo.

He experimentado desear en secreto cosas que han ocurrido.

Esas cosas maravillosas llegaron a mi vida sin la colaboración de nadie.

Soy lo suficientemente poderosa en mi propia Existencia, para crear todo lo que elija crear.

He mantenido a mi esposo en un lugar injusto al requerir de su consentimiento.

Aferrándome a las ideas de lo que deseo, no estoy contra mi esposo de ninguna manera.

Hacemos un buen equipo porque enfocamos la vida con una visión diferente.

Es satisfactorio observar el Universo cooperador respondiéndome.

Con el tiempo, si él lo desea, podemos cocrear abiertamente en muchos temas.

Mientras tanto, crearé en silencio y con alegría todo lo que elija crear.

Espero con emoción el día que él descubra con gozo estos <u>*Procesos.*</u>

En verdad, lo amo.

ఈఈఈ ఈఈఈ

Ejemplo 22

Soy considerada "vieja" en esta sociedad

Ejemplo: "Tengo setenta y tantos años y hay muchas cosas que hacía cuando era más joven que ya no hago, pero en realidad no me siento muy distinta a como me he sentido toda mi vida. Es cierto que luzco distinta, pero no me *siento* muy distinta.

"Hace poco he comenzado a notar que muchas personas están hablando de la 'edad' y de la 'vejez'. Los humoristas en la televisión no paran de referirse a las enfermedades de los 'viejos', y tengo que reconocer que está comenzando a disgustarme. Creo que me quedan muchos años felices y potencialmente productivos, pero estoy comenzando a sentirme mal —quizá incluso hasta deprimida— respecto a mi edad".

Nos parece divertido que Seres Eternos hablen de la brevedad de la vida, pero obviamente comprendemos que ustedes no se perciben en la perspectiva plena y completa que *nosotros* vemos. La percepción que la mayoría de los seres humanos tienen de ellos mismos, por lo general se extiende sólo desde su entrada física en su cuerpo hasta su salida física de este cuerpo; y cuanto más tiempo viven y más cerca creen estar de la salida, más incómodos se sienten. Si sólo supieran que la salida no es más que otra entrada, su molestia quedaría reemplazada con un sentido delicioso de aventura Eterna.

Podemos hablar todos los días, todo el día, sobre la naturaleza Eterna de su ser, pero, por supuesto, ustedes sólo ven lo que ven. Y esta realidad de tiempo y espacio en la que están enfocados es un ambiente tan vívidamente enfocado, que ustedes la llaman "vida real", como si su parte No Física, incluyéndonos, no fuera real.

Cuando buscas deliberadamente pensamientos agradables, en un esfuerzo por aplicar nuestra analogía repetitiva de *a favor y en contra de la corriente*, sintonizas eventualmente la vibración de tu ser físico con tu Perspectiva Más Amplia. Y cuando lo haces, las líneas de tus entradas y salidas físicas se convierten en algo difuso y poco importante, pues has asumido tu ser más amplio y Eterno. Cuando estás enfocada gozosamente en tu momento actual del tiempo —permitiendo que tu parte más amplia fluya a través de ti por completo y explorando este momento *actual* en busca de perlas de experiencias de vida agradables— todos los sentimientos de carencia desaparecen ya que tu naturaleza Eterna predomina. Tu momento actual será tan delicioso e intenso, que no habrá tiempo ni interés en buscar con frenesí en el pasado ni de sentir la brevedad del futuro. Comenzarás a reconocer que estarás viva y vivirás la vida por toda la Eternidad.

No tienes idea de lo "vieja" que eres. Pero te sientes como te sientes, y eres la única persona que puede hacer algo al respecto. Y lo mejor de este tema es que en realidad no hay nada que puedas hacer —en términos de acción— para cambiarlo. No puedes arreglarlo exigiendo un ajuste de la conducta en alguien más, ni retroceder tu misma el calendario. Pero sí *puedes* encontrar la manera de enfocar el tema de tu edad de forma que te lleve a la alineación con tu Perspectiva Más Amplia; y cuando lo hagas, no solamente te sentirás mejor de inmediato, sino que el resto de tu experiencia física estará lleno de maravilla y delicias.

Comienza entonces donde estás, buscando mejorar tus pensamientos cada vez más:

Detesto que los humoristas se burlen de los viejos.

Esos humoristas son muy irrespetuosos.

No les importa herir los sentimientos ajenos.

Me satisface saber que un día ellos también se convertirán en viejos.

Envejecerán, a menos que un camión los atropelle antes.

Esa idea también me produce satisfacción. (Risas)

En verdad no les deseo ningún mal.

Deseo <u>comprensión</u> de su parte.

Nunca me ha gustado ver que hieran los sentimientos ajenos.

Pero las personas se ofenden por una gran variedad de razones.

Algunas personas se ofenden <u>sin</u> razón aparente.

No es posible controlar al mundo para evitar que las personas se ofendan.

No necesito que los demás modifiquen sus conductas para aliviar mis sentimientos.

Puedo ocuparme de eso yo misma

Supongo que lo que quería era evitar que las personas se ofendieran.

Comprendo que sus sentimientos son su responsabilidad.

Los humoristas tienen una forma de centrarse en temas delicados que provocan una reacción en el público.

Estoy aprendiendo que siempre tengo una reacción antes de buscar mi mejoría vibratoria.

Supongo que comenzaré a escuchar lo divertido y dejaré de ser tan sensible.

Ejemplo 23

Mi hija no hace más que mentir

Ejemplo: "Mi hija se para frente a mí y me dice una mentira obvia sin vacilar. Sería incluso divertido si no fuera porque me enoja tanto. Miente respecto a casi todo. Incluso sobre cosas insignificantes. Siempre he pensado que la honestidad es la mejor norma de vida, y jamás le he dado ejemplo de mentir. ¿Por qué se comporta así? Me molesta mucho".

Cada uno de ustedes ha llegado a su cuerpo físico comprendiendo que es un creador poderoso, pero nacen luego en un ambiente que, desde el comienzo, les exige obediencia. Cuando son más jóvenes, su sentido de *quienes son en verdad* es más fuerte, pero cuando aquellos que los rodean introducen sus intereses, ideas y exigencias en su experiencia, comienzan a sentir la división de sus propias Energías. Por lo general, esta integración es lo suficientemente gradual como para que los que los rodean se sientan satisfechos en su proceso intencional de socialización, pero, a veces, Seres muy poderosos (como tu hija) se rebelan.

Al comienzo, esta rebeldía no está relacionada con algo en específico, y a menudo, ni siquiera es algo consciente de parte de los niños. Ellos simplemente sienten emociones negativas intensas cuando la influencia de los demás origina una división en su propia Energía. Y, al igual que cualquiera que desea sentirse bien, pero no lo está, por lo general, culpan a aquellos con quienes se relacionan por su intensa molestia en el momento en que la sienten. Por eso, es lógico que la mayoría de los niños dirijan hacia sus padres la mayoría de sus emociones negativas provocadas por su desconexión, puesto que los padres son quienes, de forma consistente y significativa, más tratan de influenciarlos. A veces, mentir es un síntoma de la molestia intensa que sienten, debido a que comprenden que han sido colocados en una posición en donde es imposible agradar a todo el mundo.

Las personas a menudo piensan que los niños que pueden ser guiados con facilidad, que siempre hacen lo que se les pide y que son obedientes, son buenos niños. Y los niños que tienen una mente propia —que no desean seguir las ideas ajenas— son a menudo considerados como problemáticos y difíciles. Los problemas no surgen por lo general hasta que su propia experiencia causa que ellos coloquen cosas en su propio Depósito Vibratorio (hacia el que se sienten llamados), y luego alguien en su vida intenta alejarlos de su llamado. La mayoría de los problemas entre hijos y padres ocurre debido a que los padres no están dispuestos a dejar a sus hijos vivir las vidas que vinieron a vivir. *Los padres por lo general son extremadamente bien intencionados, desean que lo que _ellos_ han aprendido a creer es mejor para su hijo, pero toda persona viene a esta experiencia física con su propio propósito y plan.*

Estableciendo normas y reglas, y observando cuidadosamente a sus hijos y asegurándose que hagan lo que ustedes dicen, en realidad están menoscabando un principio esencial de su propia existencia. No les están permitiendo a *ellos* elegir. Y con frecuencia, ustedes proyectan la actitud de que no confían en ellos. Y, en la mayoría de los casos, una vez que ellos lo perciben, empiezan a rechazarlos, puesto que eso es muy opuesto al conocimiento del propio *Ser Interior* de sus hijos. Es decir, cuanto menos tiempo ellos pasen con ustedes y con esa actitud, mejor para ellos.

Cuando alguien se interpone entre tú y tu intención de ser el creador de tu propia experiencia, presta atención, porque jamás funciona.

Cuando presentas reglas estrictas a tus hijos —o a cualquiera— estás, sin pretenderlo, en verdad, cultivando un ambiente perfecto para las mentiras. Cuando tus hijos observan tu respuesta positiva, al ellos seguir tus reglas, y tu respuesta negativa, al ellos romperlas, a menudo tu respuesta se convierte en su intención dominante, y cómo logran esa respuesta se vuelve un asunto de menor importancia. Ellos te mienten en un esfuerzo por hacerte sentir bien.

Nada puede llenar el vacío causado por la desconexión de tu propio *Ser Interior,* que no sea la reconexión con él; y una vez que has descubierto la experiencia maravillosa de dirigir tu propia Conexión con la Fuente, puedes entonces estimular lo mismo en tus hijos. Cuando tus hijos son testigos de tu claridad, tu alegría y tu Bienestar general, les enseñarás, a través del poder de tu propio ejemplo, a conectarse con su propia guía. Y esa comprensión es mucho más valiosa que hacerlos que obedezcan cualquier regla que puedas imponerles.

Es algo interesante. Tu hija, por la razón que sea, no está conectada con la Fuente, y por consiguiente, se siente mal. Observas en ella algo que no deseas ver; por lo tanto, tú no estás conectada con la Fuente, y entonces, *te* sientes mal. Culpas a tu hija por lo que sientes. Tu hija te culpa por lo que *ella* siente, y así sigue la historia.

Cuando buscas deliberadamente pensamientos *a favor de la corriente* respecto a tu hija (aunque tu evidencia actual no los evoque fácilmente), y te las arreglas para liberar tu resistencia y llegar a la alineación con *quien en verdad eres,* será cada vez más y más fácil para ti ver a tu hija a través de los ojos de tu Perspectiva Más Amplia. Y cuando lo logras, es nuestra promesa absoluta que inspirarás también la Conexión en tu hija.

Cuando estás en alineación con <u>quien en verdad eres,</u> solamente verás lo mejor en tu propia hija. Y cuando tu hija está en alineación con <u>quien ella es en verdad,</u> no tendrá razón para decirte mentiras.

No hay mayor regalo que un padre pueda ofrecerle a un hijo que el ejemplo de estar alineado con su propia guía. Así, cuando te conviertes en alguien que busca y encuentra consistentemente pensamientos de alineación *a favor de la corriente,* tus hijos también aprenderán a mantener su Conexión con esa guía más amplia, y luego, este regalo de prosperidad, podrá ser transmitido de generación en generación.

Comienza entonces donde estás, y busca sentimientos de mejoría respecto a tu hija:

Mi hija me miente cuando en verdad sería mucho mejor para ella decir la verdad.

No entiendo su necesidad de mentirme.

Con mucha frecuencia, cuando una persona miente, la mentira genera sus propias consecuencias.

No quiero que mi hija desarrolle patrones que son malos para ella.

Comprendo que cada uno tiene su punto de vista individual.

Y aunque no comprendo sus razones, puedo ver que ella puede tener las suyas propias.

Me gustaría que confiara en mí con la verdad.

Si mi propia respuesta hacia ella hubiera siempre provenido de mi lugar de Conexión, quizá ella confiaría más en mí ahora.

Ya no puedo regresar al pasado, ni cambiar nada de lo que he hecho, pero puedo comenzar a ser más permisiva con ella ahora.

Puedo notar que ella a veces miente con la intención de que la vea desde una perspectiva más positiva.

También comprendo que cuando miente, ella no está alineada con quien en verdad es.

Deseo que mi esfuerzo sea inspirar su alineación, no castigarla por no estar en alineación.

Puedo ver cómo su mentira es una manifestación de su falta de Conexión, y su falta de Conexión es lo que deseo aliviar.

Mi preocupación ahora no es por las mentiras mismas, sino más bien por la razón por la que ella miente.

No deseo tanto que deje de mentir, como que mejore la Conexión con su Fuente.

Mi dulce niña ha estado a menudo conectada con la Fuente.

Cuando era pequeña, era a diario la fuente de mi inspiración.

Está en mí regresarle el favor.

❧ ❧ ❧ ❧ ❧ ❧

Ejemplo 24

Todo el mundo obtiene ascensos en mi trabajo, excepto yo

Ejemplo: "He estado trabajando para la misma compañía por muchos años, y la conozco mejor que cualquiera que trabaje en ella. De hecho, creo que la conozco ¡mejor que el dueño! Hay una gran variedad en mi trabajo, y eso me gusta, pero a menudo siento como si me asignaran cosas que nadie más quiere realizar. Y puesto que llevo tanto tiempo ahí, puedo hacer casi cualquier cosa que deba hacerse.

"La semana pasada, un empleado que llevaba ahí la mitad del tiempo que yo, fue ascendido a supervisor de compras a pesar de que yo era el siguiente en la línea y estaba más calificado. No entiendo por qué no me ofrecieron esa posición y siento deseos de renunciar".

Todo tema es en verdad dos temas: (1) lo deseado, y (2) la ausencia de lo deseado. Ahora mismo, te estás enfocando en la falta del ascenso. La mayoría diría: "Sí, pero no estaba enfocado en la falta del ascenso hasta que no me ocurrió". Sin embargo, lo que estás pensando y sintiendo, y lo que te ha ocurrido, siempre concuerdan. Cuanto más falta de aprecio *sientes*, más falta de aprecio *obtienes*. La gente dice: "Y bien, si alguien me apreciara, yo *sentiría* aprecio". Pero deseamos que comprendas que tienes que sentirte apreciado *con el fin* de atraer aprecio. Tu vibración es tu punto de atracción, y tienes control sobre tu vibración, porque tienes control sobre la dirección de tus pensamientos.

No es necesario que retrocedas en el tiempo para rastrear tu experiencia y descubrir cuando fue la primera vez que sentiste una intensa falta de aprecio, porque eso, por lo general, sólo te sirve para activar esas vibraciones de forma más intensa y hacerte sentir peor. Más bien, puedes comenzar ahora mismo donde estás y buscar pensamientos que te hagan sentir mejor.

Personas de todos los estilos de vida se quejan comúnmente de que, personas que merecen menos que ellas, están obteniendo las recompensas que ellos creen merecer, pero deseamos que comprendas que nadie recibe nada de forma injusta. *La Ley de Atracción responde de forma justa y consistente y poderosa a la vibración que estás emitiendo; y si lo que está ocurriendo en tu experiencia no te gusta, sólo debes identificar lo que prefieres, enfocarte en eso hasta que sea fácil para ti enfocarte así, y luego será tuyo.*

Además, si algo que deseas, no te llega, y de hecho, ves que otra persona se lleva el premio, por así decirlo, también en ello hay gran beneficio, porque tu Depósito Vibratorio sólo se fortalece y se aclara, y las fuerzas del Universo fluyen ahora con más poder en tu beneficio. Pero si permaneces en una actitud de queja, estás yendo *contra la corriente,* mientras que tu creación nueva y mejorada, está yendo *a favor de la corriente.* Y entonces, cuanto más "lo deseas", peor te sientes.

Deseamos que comprendas que no puedes fracasar, porque cada momento de tu vida está originando una evolución de tus deseos, y las fuerzas del Universo están trabajando hacia su cumplimiento. Eres el único que puedes interponerte y evitar cumplir con tus deseos. La buena noticia es que cuando estás obstaculizando los deseos, tu emoción negativa *contra la corriente* te está dejando saber que lo estás haciendo ahora mismo.

Una forma interesante de observar esta situación es la siguiente: observa a la persona que obtuvo el ascenso y siéntete feliz de que eso te causó enojo, porque la intensa emoción que ahora sientes significa que la creación de un entorno laboral mejorado es intensa en tu interior.

Luego, te sientes feliz...

... porque estás consciente de la ira y de los sentimientos de dolor, porque eso significa que tu *Sistema de Guía* está funcionando.

... porque esta situación desagradable ha sido aclaradora y tu Depósito Vibratorio es mayor y mejor que antes de que eso ocurriera.

... porque tienes la habilidad, ahora mismo, si lo deseas, de soltar los remos y comenzar a avanzar hacia tu propio ascenso todavía más maravilloso.

... porque no hay límites en los ascensos que te esperan para tu beneficio.

... porque prestando atención a lo que sientes, y buscando consistentemente el alivio con pensamientos *a favor de la corriente*, un flujo permanente de oportunidades maravillosas viene hacia ti.

Cuando te enfocas en tus deseos y, por lo tanto, te sientes bien debido a que estás en plena alineación, emites un currículum vibratorio; y las oportunidades aparecen por todas partes ante ti. *Cuando practicas el sentimiento del éxito, atraes personas exitosas. Cuando practicas el sentimiento del desengaño, las personas exitosas no pueden encontrarte. Incluso, si estás a su lado, ellas no te verán, porque estás fuera de alineación con el éxito que ellas están buscando.*

Es posible que un empleado miope pase por alto tu valor y elija a otra persona, pero el Universo sin limitaciones te tiene completamente en su mira, y no es posible que pase por alto tu valor. Más bien, tu preciso valor está siendo específicamente alineado para el encuentro más satisfactorio imaginable.

No permitas que una desilusión insignificante te lleve contra la corriente alejándote de todo lo que deseas. Más bien, haz lo mejor que puedas con lo que tienes, busca pensamientos que te hagan sentir mejor, y prepárate para quedar sorprendido y maravillado ante el calibre de los ascensos que están disponibles para ti, en tu jornada infinita de expansión.

Comienza entonces donde estás e intenta encontrar pensamientos mejorados *a favor de la corriente*:

No importa el tiempo que llevo aquí ni lo dedicado que soy, siempre me pasan por alto.

Jamás obtendré un ascenso porque he hecho todo lo humanamente posible, y sigo sin obtenerlo.

Hay cierta injusticia en juego que no comprendo.

Aunque puedes estar justificado en tus pensamientos y sentimientos, todos estos son pensamientos de impotencia que van *contra la corriente*. Sigue buscando:

Ese puesto debería haber sido mío.

Sé que mi jefe sabe que estoy más calificado, entonces, ¿cuál puede ser la razón para que haya tomado esa decisión tan injusta?

Debería renunciar, sería interesante observar cómo se las arregla el tipo sin mí.

Luego, ellos descubrirán quién es que ha logrado que todo se haya mantenido bien todo este tiempo.

¡Ah, la dulce venganza! Sigues en estado de extremo negativismo del Ser, pero comparado con la impotencia que has venido sintiendo, esto es mejor. Sigue buscando:

Sé que no soy el único que trabaja duro en mi compañía.

Hay muchas personas que merecen más aprecio y recompensas de los que obtienen.

No es mi intención que se cierre la compañía, ocasionando pena y dolor a tantas personas.

No es mi intención renunciar, ocasionando pena y dolor a mi familia y a mí mismo.

Es probable que yo no sea el único a quien le hubiera gustado ese ascenso.

También es probable que yo no sea el único que lo mereciera.

Puedo reponerme y sacar el mejor provecho de esto.

Voy a observar al tipo que obtuvo el ascenso y a buscar las cualidades que pueden haber ocasionado la diferencia.

Estoy dispuesto a aprender y a expandirme.

Es posible que este ascenso en particular no fuera para mi mejor interés.

Puede ser que incluso haya algo mejor para mí en el futuro.

Cuando pienso honestamente en eso, es probable que yo no estuviera listo para la responsabilidad de ese ascenso en particular.

Pero me gusta que eso me haya hecho reflexionar.

Me siento energizado debido a este proceso.

Puedo sentir cómo esto ha hecho expandir mis percepciones y mis horizontes.

No me siento infeliz con la forma en que esto se ha desarrollado.

En verdad, estoy bastante feliz donde estoy.

Siento emoción ante lo que me depara el futuro.

Ejemplo 25

No tengo ni el tiempo ni el dinero para cuidar de mis padres, y me siento culpable

Ejemplo: "Mis padres están muy enfermos y ya no se pueden cuidar por ellos mismos. Vivo a muchos kilómetros de distancia de ellos, tengo un trabajo de tiempo completo y no puedo cuidarlos en persona. Su médico me aconseja, entonces, que encuentre un lugar para ellos en donde los puedan cuidar. Ellos siempre han trabajado mucho, pero no han logrado ahorrar nada de dinero y tienen muy pocos activos que puedan convertirse en dinero en efectivo. He investigado un poco, y he descubierto que no puedo costear el tipo de lugar en donde me gustaría que estuvieran, y las otras opciones son mucho menos atractivas. Me siento muy mal al respecto".

Cuando vemos padres que están preocupados por sus hijos, siempre les decimos que ellos no ayudan a sus hijos con sus preocupaciones; y cuando vemos hijos preocupados por sus padres, les decimos exactamente lo mismo: tu preocupación y tu angustia no los ayudan, sino, más bien, son indicadores de que estás ahuyentando la ayuda que requieres.

Cada vez que ves lo que no deseas, como el desmejoramiento de la salud de alguien que amas, envías proyectiles de deseos de elevada vibración a tu propio Depósito Vibratorio. Entonces, aunque no lo comprendas ahora mismo, durante todo el tiempo que llevas conociendo a tus padres —y en especial durante todos estos años que te has preocupado por ellos— tu Depósito Vibratorio se ha expandido sustancialmente en su beneficio.

Pero durante tus momentos de preocupación y angustia, te has dirigido de forma tan resuelta en oposición de tus propios deseos hacia tus padres, que ya no logras tener acceso ni siquiera a una buena idea para ayudarlos. Sin embargo, cuando aprendes a ignorar tus pensamientos de preocupación y te guías con mayor consistencia hacia pensamientos *a favor de la corriente* respecto a este tema, muchas circunstancias y eventos se desarrollan ante ti, ofreciendo soluciones a tus problemas y respuestas a tus preguntas.

Tú no puedes resolver la crisis de salud en el mundo, y ésa no es tu labor. Tu labor es solamente llegar a la alineación con tus propios deseos personales, y tienes muchos deseos respecto a tus padres. Sabrás, según lo que sientes, si estás yendo *a favor de la corriente* hacia soluciones; y mientras te sientas bien por un tiempo, sin ver evidencia de condiciones mejoradas, no es posible ir consistentemente *a favor de la corriente* respecto a algo que es tan importante para ti, sin comenzar a ver resultados. Y cuando aprecias cualquier evidencia de tu alineación, seguirá llegando.

Puesto que estás enfrentando lo que parece una crisis inmediata, sientes que no tienes ninguna opción agradable para elegir. Cuando repasas esto una y otra vez en tu mente, considerando una opción desagradable tras otra, crece tu inconformidad; y desde el lugar en donde estás, sintiéndote como te sientes, no pueden manifestarse ante ti soluciones viables. Es decir, las soluciones no pueden llegar mientras el problema te mantenga enervado. Debes encontrar la forma de aliviar el sentimiento del problema.

Podrías argüir que sentirías alivio si mejorara la salud de tus padres, o si ellos tuvieran suficiente dinero para pagar por su propio cuidado, o si hubiera un lugar cercano y maravilloso en donde pudieran cuidarlos gratis, o si tuvieras suficiente dinero como para contratar personas que los cuidaran...; pero esas condiciones no existen, y no tienes forma de *hacer* que existan ahora mismo. Por eso, la mayoría de las personas, cuando se enfrentan a situaciones desagradables sobre las que no tienen control, siguen preocupándose, pero desde ese lugar de preocupación, no tienen acceso a las soluciones.

Tu única opción ahora mismo es encontrar la forma de sentirte mejor. Y aunque no lo comprendas al comienzo, ésa es una opción significativa, porque cuando eres capaz de sentirte mejor, sin que en realidad la situación desagradable cambie, tu vibración cambia, haciendo que llegues a una mayor alineación con los deseos clarificados que sostienes respecto a tus padres. Y cuando llegues a la alineación con lo que más deseas para ellos, muchas puertas comenzarán a abrirse ante ti; senderos obvios aparecerán, y sabrás qué hacer.

Soluciones viables a todas las situaciones los rodean siempre, pero en su estado de preocupación o culpa o angustia (podríamos incluir aquí una larga lista de emociones negativas), ustedes no pueden ver esas soluciones.

Haz entonces un esfuerzo por mejorar lo que sientes. Recuerda, tu objetivo no es en realidad encontrar la solución en este momento, solamente encontrar alivio. De hecho, cuando estás determinado a encontrar una solución antes de alinear tu Energía, casi siempre giras *contra la corriente,* en vez de *a favor de la corriente.* Tu meta aquí es encontrar alivio:

Estoy tan preocupada por mis padres.

No sé qué será de ellos.

Desearía que hubieran cuidado más su salud.

Me habría gustado que hubieran hecho mejores planes económicos para su futuro.

Estas afirmaciones reflejan con precisión dónde estás. Ahora busca pensamientos que te brinden alivio:

No tengo que tomar una decisión ahora mismo.

Aunque no es una situación reciente, tengo mucho tiempo para resolverlo.

Sé lo que pasa, que en un instante no llega ni una sola buena idea, y al siguiente instante, aparece una.

*Antes de que llegue una respuesta, a menudo se siente como
que nunca llegará; y luego, cuando la respuesta llega, uno se
pregunta cómo llegó a dudar de que pudiera llegar.*

Ahora te sientes mejor, y aun con este corto tiempo de alivio,
pueden comenzarte a fluir ideas. Sin embargo, te animamos para
que resistas a la tentación de saltar demasiado pronto a la acción,
porque cuanto mejor te sientas antes de lanzarte a la acción, más
apropiada será la acción y más positivo será el resultado que recibirás.

Debe haber muchas personas en las mismas circunstancias.

*Estoy seguro de que muchas personas se encuentran en la
misma situación.*

Eso significa que muchas personas han pedido soluciones.

*Y cuando uno pide, siempre recibe respuestas; así es que debe
haber muchas soluciones viables esperando ser descubiertas.*

Puede ser que permitamos nuestra propia y original solución.

Será muy satisfactoria una vez que la descubramos.

*Cuando las cosas cambian en mí, permito acceso a soluciones
maravillosas. Quizás las cosas estén cambiando en nuestra cultura, sin limitaciones, para permitir soluciones más difundidas.*

Lo que los demás están permitiendo —o no— no me afecta.

*Deseo ardientemente un flujo fácil de buenas ideas para lograr
el cuidado de mis padres.*

Cuando comprendes que un breve ejercicio como éste es todo
lo que tienes que hacer en este momento, estás encaminado. No
solamente es lo único que *tienes* que hacer, es lo único que *puedes*
hacer; pero es suficiente. Cuando te sientes mejor, te liberas de la
resistencia; y en la ausencia de resistencia, un claro sendero se ilu-
mina ante ti, el cual te guía, paso a paso, hacia las soluciones que
buscas.

ೋ ೋ ೋ ೊ ೊ ೊ

Ejemplo 26

Estoy desperdiciando mi vida atorado en medio del tráfico

Ejemplo: "Vivo en una gran ciudad con millones de personas, y el tráfico es terrible. Tengo que conducir hasta mi trabajo una hora cada día de ida y vuelta, y eso cuando todo sale bien. Pero hay ocasiones en que estoy atorado en medio del tráfico durante horas, debido a obras en la autopista o a un accidente.

"Supongo que puedo encontrar una casa más cerca de mi trabajo, pero tendría que considerar demasiados factores. No es fácil encontrar todo lo que mi familia y yo deseamos en una casa que esté, al mismo tiempo, lo suficientemente cerca de mi trabajo como para que valga la pena. Siento que estoy desperdiciando mi vida en medio del tráfico".

No importa lo que las personas deseen, uno de los obstáculos mayores que desacelera el proceso de recibirlo —y a veces evita incluso que lleguen a obtenerlo algún día— es su fijación con el lugar en donde están, con relación a donde desean estar.

Dicen: "Deseo estar *allí*, pero me encuentro *aquí*". Y puesto que *aquí*, donde están, es tan fácil de ver para ellos, por lo general domina la mayoría de la vibración que ofrecen. Podrías estar pensando: *Sí, pero esta es una situación en donde en verdad <u>estoy</u> aquí,* *y me gustaría más estar allá; y no puedo transportarme físicamente a otro lugar.* Pero deseamos que comprendas que ya sea que desees sentirte bien desde tu lugar de enfermedad, o estar delgado desde tu lugar de obesidad, o ser rico desde tu lugar de pobreza, o fluir en el tráfico en vez de estar atorado en medio de él, las dinámicas de la creación son las mismas: cuando deseas algo y crees que tenerlo te hace bien; si ahora mismo te sientes mal, no te estás moviendo hacia lo que deseas... *Debes sentirte bien ahora, sin importar las condiciones, o si las condiciones no pueden cambiar. Debes hacer las paces, por así decirlo, con el lugar en donde te encuentras, para permitirte moverte al lugar en donde prefieres estar.*

La gente a menudo se preocupa porque hacer las paces con una situación desagradable es equivalente a resignarse y aceptarla, y que la situación indeseada pueda entonces permanecer por más tiempo...; pero eso no es lo que ocurre en absoluto. Cuando haces las paces con tu presente, te sientes mejor —o sea que comienzas a ir *a favor de la corriente*, por decirlo así— y fluyes hacia lo que deseas. Cuando te atormentas ante la molestia, o te quejas y te lamentas, estás yendo *contra la corriente*, y mientras te sientas molesto, te estás alejando de lo que deseas.

Cuanto más te quejes del tráfico, más evitas que mejore tu situación. Algunos dirían que el tráfico es lo que es, que tu experiencia en medio de él no está bajo tu control, pero no hay nada que te afecte que esté fuera de tu control. Sin embargo, no puedes ocasionar un cambio positivo desde tu posición de ausencia. *Cualquier acción llevada a cabo desde un lugar de emoción negativa, no rinde resultados positivos.*

Si eres capaz de llevarte desde una posición de molestia hacia una posición pacífica de sentirte bien, a pesar de que ninguna condición externa haya cambiado, en un corto periodo de tiempo, esa condición externa *debe* cambiar. Si continúas observando una condición desagradable, sin hacer ningún esfuerzo por encontrar una forma de verla que te haga sentir mejor, la condición, no solamente *no* mejorará, sino que la *Ley de Atracción* te brindará más y más evidencia para apoyarla. Las cosas que observas no pueden cambiar a menos que las veas desde un punto de vista distinto. Muchas personas dicen: "Dame más dinero y entonces me sentiré más próspero". Decimos: "Debes sentirte más próspero y entonces llegará más dinero".

La clave para la Creación Deliberada es sencillamente decidir *cómo deseas sentirte y luego encontrar la forma de sentirte así, ahora. Y cuando lo hagas, todo a tu alrededor se rendirá ante tu reciente base de atracción: la poderosa <u>Ley de Atracción</u> es plenamente cooperadora y absolutamente precisa.*

Una ruta o sendero claros, desde donde estás hacia donde deseas estar, está siempre disponible, pero cuando sientes emociones negativas, no puedes encontrarlo. Cuando te sientes consistentemente bien, tu sincronización mejora, se te ocurren nuevas ideas, se terminan las obras en las autopistas, que llevaban una eternidad en proceso, los proyectos de trabajo que deseabas aparecen en cada esquina, tu jefe te dice que desea que trabajes desde el hogar... Los recursos del Universo son vastos e ilimitados: y entonces tienes acceso a ellos.

Comienza entonces donde estás y busca pensamientos más agradables.

¿Por qué habré escogido vivir en un lugar en donde paso la mayoría del tiempo sentado respirando el humo del escape de los automóviles?

Apenas puedo soportar seguir aquí: deseo abandonar mi auto y salir corriendo hacia los arbustos.

Hemos ofrecido este ejemplo exagerado de cómo alguien puede sentirse en medio del tráfico, con el fin de amplificar algo significativo: lo que sientes ahora mismo, cuando estás en medio del tráfico, es raramente *debido* a que estás atorado en el tráfico en este momento. En otras palabras, aquellos que están felices con la forma en que la vida está transcurriendo, felices en sus relaciones, prosperando económicamente, satisfechos con sus cuerpos, no se sienten ni remotamente igual de molestos respecto a estar atorados en medio del tráfico, como aquellos que están al borde del abismo respecto a otros aspectos de sus vidas.

Sin embargo, sin importar cómo te sientas o lo grave de la situación, ni las razones por las que te sientes tan mal, tu labor es exactamente la misma: *Desde donde estás, sólo debes hacer un esfuerzo por sentir un poco de alivio.*

Si tu molestia de estar en medio del tráfico es realmente debido sólo a un sentimiento de frustración *porque* estás en medio del tráfico, serás capaz de llevarte con facilidad a un lugar más agradable. Y cuando lo haces con consistencia, día tras día, mientras estás esperando en medio de un tráfico lento, comenzarás a recibir impulsos que te servirán. Tu sincronización mejora tan pronto entras en la carretera. Tu impulso de salir de la autopista y tomar atajos, te será de utilidad. En tu estado de alineación, comenzarás a avanzar con otros conductores en una especie de danza cósmica que te parecerá fascinante y emocionante. El Universo entero coopera contigo cuando fluyes en tu propio Flujo Vibratorio.

Creo que emplearé este tiempo para reflexionar en algunas cosas importantes.

Puesto que los pensamientos son más importantes que la acción, emplearé este tiempo en que no puedo hacer gran cosa, para pensar.

Es divertido observar a las otras personas en los autos a mi alrededor.

Es como ir a una fiesta en donde puedes observar a otras personas en conversaciones, aunque no estés personalmente conversando con ellos.

Es divertido adivinar el tema que hablan, o cómo son sus vidas.

Disfruto de la gran variedad de personas, vehículos e historias que me rodean en el tráfico.

Me gusta la idea de usar mis propios pensamientos para crear mi propia historia.

Me gusta la idea de ver mi historia irradiando desde mi ser y desde mi automóvil.

Es divertido sintonizarme con mi ser más agradable y luego advertir cómo comienzan a percatarse los demás conductores.

Podría muy bien llegar a ser que mi parte favorita de la vida fuera avanzar por esta autopista, observando la evidencia de mi propia oferta vibratoria.

(Aquí encontramos un nuevo dilema para una conversación futura: "A veces extraño el tráfico que se movía lentamente, durante el cual llegaron mis mejores ideas").

ﻬﻬﻬ ﻬﻬﻬ

Ejemplo 27

Ahora que conozco la *Ley de Atracción,* me preocupan mis pensamientos

Ejemplo: "Me está costando mucho controlar mis pensamientos, y eso me está preocupando ahora que sé que atraigo la esencia de lo que pienso. Era más feliz antes de conocer la *Ley de Atracción,* porque ahora mis pensamientos me atemorizan. A veces me descubro pensando en algo verdaderamente horrible, y luego me preocupo de que por haber pensando en eso, me va a ocurrir".

Es excelente cuando estás consciente de que tus pensamientos son temerosos, porque eso significa que puedes sentir los resultados de tu propio <u>Sistema de Guía.</u> En otras palabras, cuando sientes miedo, significa que tu pensamiento actual se opone a los pensamientos de tu *Ser Interior* respecto a ese tema. Entonces, cuando piensas que cosas malas pueden ocurrirte, es lógico que tu *Ser Interior* no se una a ti en ese tipo de pensamientos.

La emoción misma de miedo que estás describiendo es solamente tu *Sistema de Guía* dejándote saber que estás teniendo un pensamiento de resistencia *contra la corriente.* El miedo no significa que algo malo te va a ocurrir de inmediato. Sólo significa que es un pensamiento *contra la corriente.*

Si permaneces *contra la corriente* durante el tiempo suficiente, puedes impedir tu Bienestar natural. Pero no se requiere mucho tiempo para que te habitúes a tener pensamientos *a favor de la corriente. Con un poco de práctica, descubrirás lo fácil que es soltar los remos de la resistencia; y cuando liberas consistentemente tus sentimientos de temor dirigiendo deliberadamente tus pensamientos, no es posible que ocurran cosas malas en tu experiencia.*

Cuando te sientes bien consistentemente y fluyes hacia las cosas que deseas, las personas cercanas a ti serán influenciadas por tu ejemplo, hasta que puedas positivamente influenciar a tus hijos, tu pareja, tus padres, tus hermanos y tus amigos hacia una Creación Deliberada más positiva... No deseamos que le temas al miedo. *Deseamos* que lo comprendas y te beneficies de la Guía que el miedo te ofrece. El miedo simplemente significa que estás yendo *contra la corriente,* y deseamos que comprendas que debes ir *contra la corriente* por un tiempo muy significativo y con gran consistencia, antes de anular tu Bienestar hasta el punto de llegar a una creación verdaderamente negativa. Incluso si algo negativo ocurre, tienes la habilidad de reorganizarte, enfocarte de nuevo y crear de forma distinta la siguiente vez.

Muchas personas explicarán que sus miedos eran naturales y afirmarán que eran válidos, señalando las cosas malas que les están ocurriendo en sus vidas, o en las vidas de sus seres queridos; pero la razón de que algunas personas a menudo van de una experiencia negativa a otra, es simplemente porque cuando ocurrió la primera cosa negativa, le prestaron muchísima atención, lo cual creó la segunda...; y así sucesivamente. La mayoría de las personas piensan la mayor parte del tiempo en las cosas que observan en sus vidas. Y algún terco, seguiría todavía preguntando: "¿Pero, cómo ocurrió la primera cosa negativa?" Y nuestra respuesta es: *Todo lo que te ocurre es un derivado de tus pensamientos y sentimientos consistentes.*

Otros arguyen con frecuencia: "Pero, ¿y los niños pequeños? ¿Cómo pueden crear algo tan negativo en sus experiencias?". Deseamos que comprendan, que incluso en el caso de un niño pequeño que no hable todavía, no hay un instante en que ese niño no esté emitiendo una vibración a la que la *Ley de Atracción* no le esté respondiendo.

Todos ustedes aprenden a ofrecer sus vibraciones desde el ambiente que los rodea. Desde el vientre de su madre, recogían vibraciones de ella y de su entorno. Pero no hay razón para sentirse infelices debido a las cosas que los han afectado en el pasado, porque ustedes tienen el poder, aquí y ahora, de elegir un pensamiento de mejoría. Y ahora que comprenden el Flujo de la Vida, y que pueden decir según lo que sienten si están yendo *a favor de la corriente,* hacia la realización de sus deseos, o *contra la corriente* resistiendo sus deseos, jamás podrán ser influenciados de forma negativa sin su conocimiento.

Todos ustedes comprendían, en el momento en que tomaron la decisión de venir en este cuerpo, que estarían rodeados de una gran variedad de pensamientos, y que algunos de ellos serían de su agrado y otros no. Pero ninguno de ustedes deseó limitar el entorno en que debían nacer, porque entonces comprendían —como ahora están empezando a recordar— el poder de su propio *Sistema de Guía* y el valor de la diversidad desde la cual podrían tomar tus decisiones.

Con un poco de práctica, no solamente no sentirás temor de tus pensamientos, sino que además te deleitarás en ellos..., porque no hay un momento más delicioso que cuando diriges tus pensamientos hacia la armonía con la Perspectiva Más Amplia de tu Ser. Cuando observas las personas, lugares y experiencias de tu mundo a través de los ojos de tu *Ser Interior,* estos no te producen temor, ¡más bien te deleitan!

Comienza entonces donde estás y busca alivio en pensamientos más agradables:

No soy bueno controlando mis pensamientos.

Todo el día me descubro teniendo pensamientos desagradables.

A veces, sin embargo, contemplo cosas muy positivas.

He notado que los temas positivos también se expanden en mi mente.

Puedo ver que la Ley de Atracción *me está entregando más pensamientos similares a mi pensamiento activo actual.*

Podría elegir más deliberadamente cuál pensamiento decido que sea el pensamiento activo.

Lo que sí sé es que cuando sé lo que no *deseo, también sé lo que* deseo.

Podría dirigirme hacia una dirección más positiva de forma más deliberada.

Hay muchas cosas positivas ocurriendo en mi vida.

Sé que hay más cosas positivas que negativas en mi vida.

Esto debe significar que mis pensamientos se están orientando más hacia la dirección positiva.

No es necesario que cada pensamiento sea perfectamente positivo.

Ni siquiera es posible tener sólo pensamientos positivos.

Mi labor es sencillamente inclinarme hacia una dirección positiva.

Creo que eso es lo que estoy haciendo.

Estoy haciendo eso mucho más ahora, que hace unas semanas.

Estoy dirigiendo mis pensamientos.

No solamente me <u>siento</u> mejor estos días, <u>sino que las cosas me están saliendo mejor ahora.</u>

Ahora sé que la evidencia que estoy buscando es un sentimiento mejorado, en vez de una condición distinta.

También sé que un sentimiento mejorado y consistente será el precursor de una condición mejorada.

No solamente comprendo el proceso de la creación, lo estoy aplicando con efectividad.

🙐🙐🙐 🙑🙑🙑

Ejemplo 28

Mi esposo está muy enfermo

Ejemplo: "Los médicos nos están diciendo que mi esposo está muy enfermo, y sugieren que no le hagamos más tratamientos porque ya no existen más alternativas médicas. Ya lleva unos años lidiando con esta enfermedad, y supongo que mientras los médicos seguían ofreciendo sugerencias, creíamos que eventualmente podría recuperarse. Pero ahora los dos nos sentimos sin esperanza y llenos de temor.

"Ahora no sé qué hacer y no sé qué debo decirle. ¿Debo seguir teniendo esperanzas en su recuperación, o debo prepararlo —y prepararme— para su muerte?".

No es sencillo encontrar tu propio equilibrio cuando estás observando a alguien que amas experimentar el dolor físico y mental de una enfermedad. Aunque hayas vivido con este hombre durante muchos años y sus vidas hayan estado entrelazadas de tantas formas, en realidad no tienes forma de comprender la mezcla de su vibración entre sus pensamientos diarios y las vibraciones de su *Ser Interior*. Únicamente tu propia mezcla de vibraciones está verdaderamente disponible para ti.

Los miembros de la familia a menudo tienen una opinión tan fuerte de lo que *ellos* desean respecto a la enfermedad de un ser querido, que en realidad son más un obstáculo que una ayuda. Pero es posible, incluso bajo estas condiciones intensas, encontrar y mantener *tu* equilibrio. Y cuando lo haces, siempre eres de ayuda.

No puedes pensar <u>por</u> tu esposo, y no puedes crear su realidad..., pero puedes pensar por ti misma y puedas crear <u>tu</u> propia realidad. Y cuando encuentras tu propia y verdadera alineación, tu poder de influencia es muy fuerte.

Algunas personas dirían entonces: "Encontraré mi alineación —sea lo que sea que deba hacer para lograrlo— y luego influenciaré a mi pareja para que se recupere". Pero *nosotros* diríamos más bien: "Encontraré mi alineación y así influenciaré a mi pareja hacia *su* alineación, y entonces él o ella puede hacer lo que verdaderamente *desea*". Y hay una gran diferencia entre estas dos afirmaciones.

La enfermedad siempre es debida a un desequilibrio vibratorio. En todos los casos, la enfermedad significa que un individuo tiene un fuerte flujo de Corriente, pero está yendo por alguna razón *contra la corriente*. Cuando ponderan los problemas del mundo en el que viven, la mayoría de las personas tiene pensamientos que ocasionan resistencia interna, porque a menudo no son conscientes de las vibraciones en su interior. Incluso los bebés están influenciados por estas vibraciones *contra la corriente* al ir aclimatándose con el ambiente que los rodea.

Los científicos y los doctores buscan a menudo curas para las enfermedades de sus tiempos, y por ende, siempre ofrecen un flujo infinito de opciones distintas en las medicinas, los tratamientos y las dietas. Pero siguen descubriendo cada vez más y más enfermedades de las que pueden curar, y así seguirán hasta que comprendan lo siguiente: *En vez de buscar la cura médica para una enfermedad, deben primero comprender su causa vibratoria, pues no hay acción suficiente en el mundo que pueda compensar la Energía fuera de alineación.*

Hay entonces grandes motivos para que te sientas de nuevo llena de esperanzas respecto a la recuperación de tu esposo, porque ahora la comunidad médica lo ha desahuciado, y entonces es más probable que él gire su atención hacia lo único que en verdad ha funcionado siempre: la alineación de su propio Ser. No es poco común que los seres humanos esperen hasta que se les agoten las alternativas de acción, antes de comenzar a hacer un esfuerzo por alinear su propia Energía. Y luego, cuando llega la recuperación, los médicos lo llaman un milagro, pero no es ningún milagro, ¡es sencillamente la realineación de los pensamientos, las vibraciones y la Energía!

Como cada vez que sabes lo que *no* deseas, siempre sabes con mayor claridad lo que *deseas*, tu esposo ya lleva un buen tiempo añadiendo en su Depósito Vibratorio lo relacionado con su cuerpo físico de una forma muy poderosa, lo que significa que el Flujo se está moviendo con mucha velocidad. Es decir, cuanto más enferma está una persona, más envía proyectiles de deseos de buena salud en su Depósito Vibratorio, pero cuando el Flujo se mueve con mayor velocidad y su *Ser Interior* los llama de forma todavía más poderosa hacia la expansión de su salud, si ellos no giran y van en dirección de su salud, entonces se enferman aún más.

¿Ves entonces cómo funciona? Podrías decir entonces con razón: "Cuanto más enfermo estoy, mayor potencial de bienestar he puesto en movimiento...". En realidad es más fácil recuperarse de una enfermedad mortal que de una enfermedad leve, porque las enfermedades mortales han hecho que coloques mucho poder en tu Depósito Vibratorio. Tu único requisito es tu voluntad de sentirte bien.

Puesto que tu esposo es el único que tiene control vibratorio sobre su Ser, no puedes realizar este trabajo por él. Es *tu* labor mantener tu propio equilibrio vibratorio, incluso en medio de esta situación perturbadora; y cuando seas capaz de hacerlo, tu poder de influencia será muy intenso. En estas circunstancias, puedes fácilmente encontrar pensamientos perturbadores, pero debes guiar tu mente hacia pensamientos que te hagan sentir mejor, no por el bien de tu esposo, sino por tu propio bien. Y entonces, cuando estés en alineación con tus deseos, tendrás una influencia más positiva.

Si buscas tu propia alineación, no sólo por desear ayudar a tu esposo, será mucho más factible que puedas ayudarlo. Pero si buscas tu alineación sólo para ayudarlo, es más probable que te enfoques en su enfermedad, así no lograrás tu alineación; y entonces, no ofrecerás la vibración influyente y poderosa que es posible cuando estás en alineación.

Casi todas las personas que conoces te dirían que lo que sientes depende de la mejoría de tu esposo, pero deseamos que comprendas que debes encontrar la forma de sentirte bien, ya sea que él mejore o empeore, que viva o que muera..., porque solamente cuando eres lo suficientemente egoísta para hacer eso, es que puedes ayudarlo.

Trata de encontrar pensamientos que te hagan sentir mejor, comenzando donde estás:

Deseo ayudar a mi esposo a recuperarse.

Los médicos dicen que no hay esperanza.

No puedo encontrar mi sitio, porque no quiero darme por vencida, pero me siento tonta guardando esperanzas.

He ido de sentirme aterrorizada ante la idea de su muerte, a resignarme si eso ocurre.

Y me siento culpable al darme por vencida sobre el tema de su muerte.

Siento que yo debería ser la última en darse por vencida.

Siente la futilidad al tratar de resolver todo esto. Ahora, gira tu atención hacia algo que puedas controlar. Intenta sentirte mejor. No intentes salvar la vida de tu esposo. No intentes resolver los asuntos de la vida y la muerte. No intentes reformar a los médicos ni mejorar la medicina. Haz lo único que puedes hacer: sentirte mejor seleccionando deliberadamente tus pensamientos.

Algunos días siento me siento tan mal que es insoportable, y otros días me siento un poco mejor.

Comprendo que mis emociones varían, incluso en estas condiciones extremas.

La idea de sentir alivio de estas emociones debilitantes suena bien.

Me consuela saber que no es mi labor cambiar la condición de mi esposo.

Esto me está ayudando a comprender que debe ser de inmenso valor llegar a asimilar este tema de la muerte.

Me suena supremamente ilógico que la "muerte", algo que le ocurre a todo ser humano que haya vivido sobre la Tierra, sea algo malo de alguna manera.

No deseo que mi esposo muera, pero siento consuelo cuando comprendo que no es mi labor cambiar eso.

Se siente bien anticipar que algún día comprenda cómo nuestro mundo físico se integra con el mundo No Físico.

Se siente bien recordar que todos somos Seres Eternos.

Siento alivio al comprender que la experiencia de la "muerte" no es de separación.

Me encanta saber que nuestros pensamientos trascienden la experiencia de la "muerte".

Me encanta recordar que nuestras relaciones son Eternas.

Deseo que mi esposo encuentre alivio, ya sea que logre quedarse aquí o liberarse en su perspectiva No Física.

Me consuela enfocarme en él encontrando alivio.

Aunque no te pediríamos que llegaras a comprender plenamente y a resolver el tema de la "muerte" (tema que ha afectado a la humanidad por tanto tiempo), en un esfuerzo por encontrar unos cuantos pensamientos *a favor de la corriente*, diríamos que tu vibración ha cambiado ahora de forma sustancial. Y eso es mucho más valioso de lo que la mayoría podría imaginar. Las palabras no enseñan, pero sí las experiencias de vida, y cuando encuentras el verdadero alivio que es solamente posible cuando diriges deliberadamente tus propios pensamientos, irradias una vibración diferente que puede influenciar la vibración de tu esposo. Y con su deseo en la cima de su nivel más elevado posible, debido a la intensidad de lo que está viviendo, él comenzará entonces a permitir un poco más —mientras ambos liberan la resistencia— y eso puede llevarlo muy lejos.

DESDE TU PERSPECTIVA, LO MEJOR QUE PUEDE OCURRIR ES:

- Te sientes mucho mejor.

- Lo ayudas a sentirse mucho mejor.

- Sus Energías mejoran en gran manera.

- Él recupera su buena salud.

LO PEOR QUE PUEDE OCURRIR ES:

- Tú te sientes mucho mejor.

- Tú te sientes mucho mejor.

- Tú te sientes mucho mejor.

- Él retorna a su estado de Energía Pura y Positiva.

- *¡Él* se siente MUCHO MEJOR!

Jamás conocerán el poder maravilloso de su influencia en el Bienestar de todos hasta llegar a la plena alineación con *quienes son en verdad*.

ᘓᘓᘓ ᘔᘔᘔ

Ejemplo 29

Mi pareja me abandonó

Ejemplo: "Mi novio, con quien viví los últimos dos años, acaba de dejarme. No estábamos de acuerdo en todo, y a veces discutíamos por algunas cosas, pero no era nada serio. Yo creía que íbamos bien, y no puedo creer que él ya no quiera que sigamos juntos. Me ha jurado que no piensa estar con otra persona, pero, ¿cómo puede ser que uno ame a una persona y de repente, sin razón, la deje?".

La mayoría de las personas que desean una relación creen que una relación mediocre es mejor que no tener una relación, pero no estamos de acuerdo con eso. Es decir, puesto que siempre existe el potencial de una relación gloriosa, jamás los animaríamos a que se conformen con menos.

Recuerda que te sientes como te sientes debido a la mezcla de vibración en tu interior, y que dos personas no se sienten exactamente igual respecto a nada. Es posible que dos personas compartan lo que parecen experiencias idénticas, y que una persona la disfrute mientras que la otra no, debido a que su mezcla de vibración individual varía.

En vez de tratar de comprender lo que la otra persona desea y esforzarse en satisfacer sus deseos, es mucho más productivo y satisfactorio dirigir tus pensamientos hacia las cosas que *tú* deseas.

Sea lo que sea que estás viviendo, te está causando que hagas depósitos en tu cuenta de Depósito Vibratorio, por eso cada vez que algo que no deseas ocurre, envías una solicitud de algo que prefieres a cambio. Entonces, por ejemplo, ahora que tu novio te ha dejado, tu solicitud de que alguien esté contigo ha sido enviada de una forma más intensa y clara que nunca.

Muchas de tus experiencias a lo largo de esta vida han originado que hagas solicitudes, y por eso has creado una relación magnífica que te espera en el Depósito Vibratorio y te llama hacia su realización. Y cuando encuentras más pensamientos *a favor de la corriente*, te acercas a la realización de estos deseos. Pero hoy, con tu corazón destrozado, estás yendo contra la Corriente, y no te estás permitiendo avanzar hacia la relación que te espera.

Las personas a menudo se sorprenden cuando les decimos que todo lo malo que les ha ocurrido en una relación, es parte de la razón por la que ahora los espera una relación maravillosa. Sin embargo, si continúan regodéandose en las cosas malas que les han ocurrido, seguirán privándose del descubrimiento de esa maravillosa creación.

Algunos podrían argüir que incluso cuando pareciera que alguien tomó una decisión repentina de partir, es seguro que hubo señales de que la relación se estaba deteriorando que tú no percibiste y que si hubieras estado más sintonizada con tu novio, habrías sido capaz de cambiar las cosas, si hubieras captado a tiempo lo que andaba mal. Pero nosotros nos sentimos bastante contentos de que tú no hayas visto que esto iba a ocurrir, porque eso quiere decir que tú no andabas buscando problemas. Y también podemos notar que te estabas enfocando predominantemente en los aspectos positivos de tu relación.

Pregunta: "Entonces, si yo estaba teniendo predominantemente pensamientos positivos, ¿por qué él me abandonó?".

Esto es algo que verdaderamente deseamos que llegues a comprender: cuando te sientes predominantemente bien, todas las cosas se alinean para tu satisfacción máxima. Es decir, tu vida, con sus altas y bajas, ha ocasionado que crees un Depósito Vibratorio de experiencias futuras de vida maravillosas, y tú estás siendo llamada hacia ellas. Entonces, cada vez que te sientes bien, ese futuro maravilloso está en proceso de llegar hacia ti y tú hacia él. *En palabras sencillas, cualquiera que haya salido de tu experiencia, por cualquier razón, es porque no correspondía con el futuro maravilloso que te está esperando en tu Depósito Vibratorio.*

Otra cosa que te parecerá fascinante es ésta: digamos que estás observando de cerca a tu novio en tu deseo de complacerlo de todas las formas posibles, y que comienzas a notar que él está comenzando a sentirse infeliz y que ya no está totalmente satisfecho en su relación. Entonces, al advertir su infelicidad, comienzas a preocuparte e intentas complacerlo cada vez más. Lo más importante que deseamos que comprendas es que en tu enfoque, lo cual ha ocasionado tu infelicidad, ya no concuerdas con tus propios deseos. Entonces comienzas a ir *contra la corriente,* y no a *favor de la corriente...* Correspondes con su infelicidad, no con tus verdaderos deseos; y en esta situación, es probable que lo hubieras mantenido más tiempo en tu experiencia. Es decir, al enfocarte en la infelicidad de tu novio —y en tus esfuerzos por modificar las condiciones para llevarlo a un lugar de más felicidad— en realidad te estás alejando cada vez más de tu alineación con *quien en verdad eres* y con lo que de verdad deseas. Lo habrías aliviado, entonces él se quedaría más tiempo..., y muchas personas pensarían que eso es un éxito. Pero desde la perspectiva mayor, lo que ha ocurrido es que has trabajado para complacerlo a *él* y no a ti. Y en esas condiciones, terminarás siendo *tú* quien desearía irse.

Al no haber percibido su molestia, y al haber seguido enfocándote en los aspectos positivos en tu relación, permaneciste fiel a tu visión real de una relación; y en vista de que él no correspondía con esa visión real, se ha ido. Amiga nuestra, te prometemos que esto no es algo malo... *Cuando te sientes consistentemente bien, aun si alguien tiene un ataque de histeria a tu lado —incluso si alguien te deja— lo que verdaderamente deseas, debe llegar a ti. Será más difícil ahora, pero en la misma forma en que no permitiste que su infelicidad creciente te afectara, si ahora puedes no permitir que el hecho de que te haya dejado te moleste, la relación que has estado creando todo este tiempo llegará a ti. Y entonces, tu labor será la misma: buscar aspectos positivos. No te dejes llevar por el drama de nadie. No te pares de cabeza para complacer, y de una forma distorsionada, aliviar su falta de alineación. Es mejor dejar que esas cosas que no corresponden se alejen de tu vida.*

Este dolor que sientes tiene muchas facetas, pues concierne muchos aspectos que te interesan. No solamente sientes la falta de amor cuando lo que deseas es amor, sino que además te sientes insegura cuando lo que deseas sentir es seguridad, te sientes abandonada mientras deseas sentirte adorada. Y aunque comprendemos que habiendo pasado tan poco tiempo desde que tu novio te abandonó, no es fácil tener pensamientos agradables, aún así, ésa debe ser tu intención predominante.

La Ley de Atracción te está atrayendo las circunstancias, los eventos y las personas que corresponden con tu vibración. Entonces, si eliges deliberadamente tu vibración —especialmente aquella que corresponde con tu Depósito Vibratorio específicamente creado— alguien que considerarías tu pareja perfecta, debe llegar a ti. Por el contrario, si no te alineas con la pareja que realmente deseas, atraerás una que corresponda con tus *sentimientos;* y si te *sientes* abandonada, solamente puedes atraer a alguien que se sienta de la misma manera.

Con menos tiempo y esfuerzo de lo que piensas, puedes llegar a la alineación con tu idea de una relación perfecta; y llegará un momento, no muy lejano, en que observarás a esta pareja que acaba de dejarte con gran aprecio por su importante contribución al ayudarte en la creación de tu pareja perfecta. Podrías escribirle una carta y decirle:

> *Gracias por romper mi corazón, y en el proceso, ayudarme a aclarar lo que realmente deseo. Gracias por la experiencia dolorosa de darle luz a los poderosos proyectiles de deseos, porque cuando giré en la dirección de ese deseo, fui velozmente transportada a esta gloriosa relación. Es mi deseo que tu relación conmigo te haya ofrecido el mismo beneficio maravilloso.*

Muchas personas trabajan muy duro para hacer que las cosas funcionen. Pero deseamos que comprendan que cuando trabajan para alinearse con Ustedes —en vez de alinearse con lo que alguien más desea que ustedes sean— el Universo entonces les ofrece lo que concuerda con eso. Sólo deben trabajar en mantener su alineación y el Universo les entregará las parejas alineadas. Es la *Ley.*

Comienza entonces donde estás y busca pensamientos más agradables:

Estoy en un estado de asombro y depresión. No sé qué hacer.

No puedo creer que esto haya ocurrido; creí que él era la pareja ideal.

¿Por qué me dejó creer que las cosas estaban bien?

¿Por qué pretendía que deseaba estar conmigo para siempre?

Ahora, mira a ver si puedes moverte de tus sentimientos de impotencia. Busca algo que por lo menos te dé fuerzas para levantarte de la cama:

Esta es la última vez que algo así me ocurre.

No merezco ser tratada así.

Me alegra que se haya ido porque, evidentemente, no era quien yo creía que era.

Aunque estos pensamientos son negativos, te están ofreciendo un poco de alivio. Sigue:

Claramente, no éramos el uno para el otro.

No tiene sentido desperdiciar más tiempo tratando de resolver esto.

Esta fue una situación en extremo aclaradora para mí.

He aprendido mucho en un periodo muy corto de tiempo.

En retrospectiva, creo que lo vi venir.

En ese momento, no deseaba verlo, pero ahora comprendo que lo vi venir.

No me duele que haya ocurrido.

No ha ocurrido nada terrible en realidad.

No es algo malo descubrir que lo que en verdad deseo, está en otro lugar.

Esta relación me ha ayudado a definir con mayor claridad quién soy y lo que estoy buscando.

Me siento con una Energía nueva respeto a las relaciones.

Me voy a tomar mi tiempo mientras avanzo.

No es urgente que aclare todo esto.

En realidad, estoy feliz de tener un poco de espacio para respirar.

De una extraña manera, anticipo con emoción el futuro.

Sé que lo que viene en camino, será mejor debido a esta relación.

Algún día, puedo llegar a agradecerle por haberme ayudado a aclarar lo que deseo.

Sin embargo, todavía no estoy lista para hacerlo.

Bueno, quizá lo estoy, un poco.

Debes admitir que te sientes mejor. Y *esa* es tu única labor. Si sigues sintiéndote bien, ¡todo lo que deseas debe llegar!

❧❧❧ ❧❧❧

Ejemplo 30

Mi mascota está enferma

Ejemplo: "Mi perro es relativamente joven, pero siempre está enfermo. Las cuentas de mi veterinario son enormes porque parece que tan pronto mi perro se sana de algo, se vuelve a enfermar de algo más. Amo a mi perro y no quiero que sufra ni que se muera, pero tampoco deseo llevarlo todo el tiempo al veterinario. ¿Qué le está ocurriendo?".

Tu perro, al igual que todos los animales de tu planeta, por lo general está mucho más en alineación con su *Ser Interior* que la mayoría de los seres humanos, pero los animales salvajes están más en alineación que aquellos que pasan más tiempo con los humanos, porque los animales domesticados, sencillamente observando sus cocreadores humanos, a menudo dividen su Energía de la misma forma que lo hacen los humanos. Además, puesto que todos —humanos y animales— desean inherentemente la libertad, un animal confinado a menudo siente más resistencia que uno que vive en libertad. Es difícil para los humanos comprenderlo, pero los animales de tu planeta escogerían la libertad a la seguridad en todos los casos.

No obstante, muchos animales están perfectamente felices compartiendo su ambiente con los humanos, y lo que para ustedes podría ser un ambiente de confinamiento, no ocasiona ninguna resistencia en su alineación vibratoria general. Sin embargo, a sus animales jamás les va bien en ambientes de intensa emoción negativa. Los animales con Energía Pura y Positiva que viven de forma salvaje, huirán de un humano que se les acerque, no porque les tema, sino porque su presencia no es agradable para ellos.

Con el tiempo, sus animales domesticados comienzan a ajustarse a la vibración de los humanos, y son capaces, en su mayor parte, de mantener su alineación incluso cuando se relacionan con ustedes. Al igual que ustedes, lo que sea a lo que le presten su atención, conforma el equilibrio vibratorio de su Ser. Cuando ustedes son el objeto de su atención y ustedes no están en alineación con su propia Energía de la Fuente, ellos también sienten la influencia de menor Conexión. Sin embargo, sus animales son fuertes, y ellos pueden regresar con facilidad a su alineación, pues no guardan rencor ni recrean una y otra vez escenarios de su pasado en sus mentes, como lo hacen los humanos. Una vez que pasa una situación incómoda, ellos la dejan ir por completo.

Sin embargo, si los animales están sujetos a estrés o a ira diaria, o los hacen sentir como que molestan o no son deseados, su Energía puede perder su equilibrio lo suficiente como para que sus cuerpos comiencen a demostrar evidencia de su falta de alineación.

Hay muchos estudiantes de la Creación Deliberada que realmente desean comprender cómo crear su propia realidad, que trabajan para comprender su *Sistema de Guía Emocional,* que desean fluir de forma más consistente *a favor de la corriente,* y que no deciden realmente aplicar lo que saben hasta que descubren que están afectando negativamente a sus mascotas. Es un poco divertido que las personas puedan soportar sus emociones negativas si los resultados están solamente afectándolas a ellas, pero cuando descubren que también impactan la vida de sus queridas mascotas, están dispuestas a realizar cambios.

Aunque es bueno que te intereses en el Bienestar de tu animal, deseamos que te intereses también en tu propio Bienestar.

Si vas *contra la corriente* (sintiendo una emoción negativa) y no haces un esfuerzo por soltar los remos, la *Ley de Atracción* seguirá respondiendo a tu vibración, tu situación se intensificará y te sentirás peor.

Si sigues sin hacer esfuerzos por liberar la resistencia, la *Ley de Atracción* seguirá respondiendo a tu vibración, tu situación se incrementará y te sentirás todavía peor.

Si sigues sin hacer esfuerzos, con el tiempo, tu propio cuerpo físico comenzará a mostrar los síntomas de la falta de equilibrio.

Algunas veces, tu querida mascota demostrará síntomas físicos como parte de tu *Sistema de Guía.* Es como si comprendiera que estás dispuesto a soportar emociones negativas, aunque no estás dispuesto a influenciar de forma negativa a tu mascota. Entonces, a menudo tu mascota está cumpliendo con la intención que los dos tenían antes de nacer en sus cuerpos físicos, es decir, recordarte tu aspecto vibratorio.

Tu perro también desea ayudarte a superar este famoso tema de la "muerte", porque él comprende que la muerte no existe, sólo la Vida Eterna. *Tu perro retoza gloriosamente de cuerpo físico en cuerpo físico, jamás teme a la muerte, disfruta siempre de su gozosa travesía en su propio y delicioso río. Tu perro es uno de los mejores maestros de este planeta.*

Busca entonces unos pensamientos agradables respecto a tu querida mascota:

Quisiera entender por qué mi perro está siempre enfermo.

No encuentro el más mínimo valor en esto.

Odio verlo sentirse mal, y me está costando una fortuna.

Estoy tentado a dejarlo que encuentre su propio camino, pero no quiero que sufra ni que se muera.

No puedo seguir pagando estas cuentas del veterinario.

Me siento mal llevándolo al veterinario.

Me siento peor no llevándolo.

En vista de que no puedo encontrar una acción que me ofrezca alivio, quizá debo intentar sentirme mejor.

Es posible que este maravilloso perro me esté tratando de decir algo.

Voy a tratar de observar la situación desde lejos a ver que encuentro.

Una cosa que noté de inmediato es que aunque es evidente que mi perro no se siente bien físicamente, eso no parece preocuparlo.

Y a pesar de que no es tan retozón como solía ser, su actitud parece positiva en general.

Cuando hablo con él, parece hacer siempre un esfuerzo por mover un poco su cola.

A veces parece que está tratando de calmar mi preocupación por él.

Me gustaría calmarlo no pareciendo preocupado por él.

Voy a hacer un esfuerzo por ser más positivo respecto a su enfermedad.

Voy a hablarle de forma más optimista.

Dejaré de quejarme por los costos del veterinario.

Cuando no estoy con él, voy a pretender que ya está mejor.

Cuando llegue a casa del trabajo, buscaré una mejoría.

Cuando vea el más ligero síntoma de mejoría, hablaré sobre eso.

Voy a buscar razones para sentirme bien respecto a él e ignorar todo lo demás.

Siento que él me está ayudando a enfocar mis pensamientos deliberadamente.

Puedo ver que él es un gran maestro del amor incondicional, pues no modifica su condición para que yo pueda sentirme mejor.

Siento que su mensaje para mí es: "Siéntete mejor porque elijas hacerlo, no porque yo te esté dando razones para sentirte mejor".

Eso es muy empoderador.

¡Qué perro tan maravilloso!

Ejemplo 31

Nunca he tenido suficiente dinero

Ejemplo: "No puedo recordar una época en que no me haya preocupado por el dinero. Cada vez que me doy cuenta, hay otro gasto inesperado, y parece que las cosas que tengo que comprar para mi familia y para mí siempre están subiendo de precio, pero mis entradas no se incrementan tan rápidamente como mis gastos.

"Solía trabajar cuarenta horas por semana, y mi esposa no trabajaba fuera de casa. Ahora ella tiene un trabajo de tiempo completo, y yo trabajo sesenta horas por semana; y aun así, jamás tenemos dinero de sobra. Veo que otras personas toman vacaciones y compran casas y automóviles, y me pregunto cómo lo logran. ¿Qué es lo no estoy viendo?".

Aunque parece lógico que tu presupuesto económico es sólo cuestión de equilibrar las entradas de dinero con las salidas, hay otro factor poderoso que la mayoría de las personas no comprenden. Sencillamente, no puedes ofrecer suficiente acción para compensar la Energía contradictoria de tu Ser. Cuando te sientes como te sientes respecto al dinero, aunque tu experiencia ciertamente justifica lo que sientes, las cosas no pueden mejorar porque la <u>Ley de Atracción está respondiendo a tu vibración y no a tus acciones.</u>

Por supuesto, hay variables obvias en la productividad de la *acción* que son fáciles de ver: un hombre fuerte puede levantar un objeto más pesado que un hombre débil; alguien que se mueve con velocidad puede mover más cosas en un día que una persona lenta; una persona que escribe sesenta palabras por minuto puede escribir más palabras en un día que alguien que escribe veinte palabras por minuto..., pero estas variaciones en la *acción* son minúsculas comparadas con la influencia que pueden lograr alinéandose con sus propias Energías. En palabras muy francas: no es posible ofrecer suficiente acción para compensar las Energías fuera de alineación.

Cuando desarrollas patrones de pensamientos *contra la corriente* respecto a la falta de dinero, previenes tu propio descubrimiento de medios que te ofrecerían más dinero. Cuando te sientes frustrado porque no tienes suficiente dinero, y no haces un esfuerzo por encontrar pensamientos que te hagan sentir mejor, tu frustración se convierte en ira y eventualmente en miedo, mientras tus patrones de pensamientos te mantienen en una resistencia más consistente *contra la corriente,* que impide tu Flujo de Bienestar económico. Y en cuanto peor te sientes, peor se ponen las cosas, porque cuanto peor te sientes, más resistencia ofreces, lo cual sigue impidiendo el descubrimiento de las soluciones que estás buscando.

En cualquier momento dado en que estás enfocado en que no tienes suficiente dinero, estás solicitando vibratoriamente más, lo cual hace que el Flujo se mueva más rápido. Pero cuando estás enfocado en que no tienes dinero, estás enfocado *contra la corriente,* mientras que tu *Ser Interior* te está llamando *a favor de la corriente.* La intensa emoción negativa respecto a tu situación financiera es una indicación de dos cosas significativas:

1. Has solicitado muchísima asistencia financiera hacia la cual te está llamando tu *Ser Interior.*

2. Estás yendo *contra la corriente,* en la dirección opuesta al dinero que deseas.

No importa la cantidad de horas que tú y tu esposa puedan trabajar, y no importa cuánto dinero fluya en tu hogar, no puedes lograr un equilibrio *económico* hasta que primero logres un equilibrio vibratorio en tu propio Ser. Y en el momento en que sueltes los remos y te dejes llevar por el Flujo, sentirás alivio en tu propio cuerpo y el alivio económico llegará al poco tiempo.

Cuando has deseado algo por mucho tiempo y has amasado un Depósito Vibratorio considerable sobre el tema, un poco de alivio produce grandes resultados. En otras palabras, si puedes lograr sentirte mejor por unos cuantos días, la evidencia de tu liberación de resistencia comenzará a aparecer en alguna forma de alivio económico.

Ahora que comprendes que controlas cuánto dinero está fluyendo, así como cuánto estás dejando entrar en tu experiencia en este momento, puedes reconocer algunos de los patrones de tu propia experiencia que validan esta comprensión: *La clave para obtener consistentemente los buenos resultados que deseas es tratar de sentirte bien aun cuando la entrada de dinero sea poca. Cuando aprendes a lidiar con tus sentimientos, descubres la poderosa influencia de la alineación de Energía, y ves que la* Ley de Atracción *te entrega verdaderas fortunas en tu propia puerta. Pero si apenas tienes respuestas instintivas a las condiciones que observas, estarás limitado a la despreciable cantidad de dinero que tu acción física genera.*

Desde donde estás, comienza a buscar algunos pensamientos más agradables:

Estoy tan cansado de no tener suficiente dinero.

No veo la forma de llegar algún día a tener suficiente dinero.

Trabajo tantas horas que me la paso cansado.

Estoy cansado de estirar el presupuesto cortando una cosa tras otra.

Así es como te *sientes*, y ahí es donde estás temporalmente, pero desde este tipo de pensamiento, el dinero no puede comenzar a fluir a tu experiencia en una forma más poderosa. Tienes que cambiar tus pensamientos y sentimientos primero. Sin embargo, no estamos guiándote hacia pensamientos y sentimientos mejorados para que afectes tu situación económica. Más bien, te estamos guiando hacia pensamientos y sentimientos de mejoría, en aras de una oferta vibratoria mejorada. Si permites que la mejoría en lo que *sientes* sea tu objetivo, comenzarán a fluir grandes cantidades de dinero hacia ti, cuando logras una mejoría consistente en la forma en que te sientes.

Trabajo más horas que cualquiera de nuestros vecinos.

Pareciera como si el dinero les llegara más fácilmente a ellos.

Parece como si todos los días, alguien que conozco hiciera gala de un nuevo automóvil.

Comparar tu condición con la de otra persona, te mantendrá crónicamente en desequilibrio y confundido respecto a la dirección mejorada de tus pensamientos. Sin embargo, si comparas uno de tus pensamientos con otro de tus pensamientos, con la única intención de encontrar uno que te haga sentir mejor, en poco tiempo, obtendrás una clara percepción de la dirección *a favor de la corriente.*

No nos está yendo tan mal.

En realidad, vivimos bastante bien.

Mi esposa y yo estamos incluso orgullosos de las cosas que hemos logrado.

Hemos tomado buenas decisiones.

Nuestra casa ha adquirido mucha plusvalía.

Si miro el gran esquema de las cosas, me doy cuenta que las cosas han ido mejorando de manera continua.

Cuando observo lo lejos que hemos llegado, veo una gran mejoría.

Ya te sientes mucho mejor. Observa ahora qué tan lejos puedes llegar:

Encontraré la solución.

En verdad, soy bastante bueno resolviendo cosas.

Estoy atento a mi propia inspiración.

Mientras tanto, nos está yendo bien.

En realidad, es bastante agradable anticipar la expansión.

A veces, puedo percibir un futuro muy brillante.

Tenemos todavía mucha vida y oportunidades por delante.

Será divertido ver cómo se desarrolla todo esto.

Alguien que te observe en este proceso, probablemente no logrará comprender el poderoso trabajo que has realizado aquí, porque todavía no te ha caído a tus pies una gran suma de dinero. Pero cuando comprendes el poder del Flujo y reconoces, por como te sientes, la tremenda reducción de la resistencia que has logrado, puedes comprender la enorme productividad de este proceso. Y aunque algunos escépticos pueden dudar del poder del pensamiento, tu recibirás en carne propia los beneficios de observar cómo las cosas se van desarrollando para cumplir con tus deseos. Otros pueden muy bien llamarte "afortunado", pero tú sabes cómo ocurrió porque lo hiciste de una forma deliberada.

ᆧ ᆧ ᆧ ᆧ ᆧ ᆧ

Ejemplo 32

Mi perro murió y me siento afligida

Ejemplo: "Mi perro murió y me siento muy mal al respecto. Sabía que no viviría para siempre, y sabía que yo viviría más tiempo que él, pero estoy demasiado triste ahora que se ha ido. Detesto llegar a casa porque cada vez que cruzo la puerta, me siento triste cuando recuerdo que él no estará ahí para darme la bienvenida. Varias veces al día, algo o alguien me lo recuerda, y siento una profunda pena una y otra vez. No creo que sea normal que me sienta tan mal durante tanto tiempo, pero no encuentro la forma de superarlo. Mis amigos me dicen que me consiga otro perro, pero no puedo decidirme a hacerlo. ¿No sería, de cierta forma, exponerme eventualmente de nuevo al dolor?".

Con frecuencia, las personas se sienten más tristes respecto a la pérdida de su mascota que a cualquier otra cosa que hayan experimentado en la vida. Algunos piensan que este dolor es ilógico y enfermizo, pues hay muchos aspectos que deberían ser más importantes en la vida que tu mascota. Incluso, dicen de ti: "Sufrió más la muerte de su perro que la de su propio padre".

Cuanto más deseas algo, más sufres cuando te enfocas en su ausencia. Pero el dolor que sientes respecto a la muerte de tu perro no es debido a la ausencia de tu perro, es algo mucho más grande que eso.

Tu perro representaba para ti la Energía Pura y Positiva. Tu perro permaneció toda su vida como tú antes de nacer: una extensión de Energía Pura y Positiva. Y, con frecuencia, por medio de la atención a tu perro y de tu relación con él, sentías más inspiración hacia tu propia Conexión con tu Fuente. Y aunque, obviamente extrañas a tu perro, lo que realmente extrañas es la Conexión con tu propia Energía de la Fuente que tu perro te inspiraba...

- Tu perro te amaba tal como eras y no te pedía que cambiaras.

- Tu perro no te responsabilizaba por su felicidad.

- Tu perro disfrutaba estar contigo, pero nunca sufría tu ausencia porque su alegría no dependía de tu conducta.

- Tu perro no anticipaba ni temía la muerte, más bien, comprendía la Naturaleza Eterna de su Ser.

No podemos decir ninguna de estas cosas respecto a tu padre.

Si estuviéramos en tus zapatos, nos enfocaríamos en el sentimiento de euforia que sentías tan a menudo en la compañía de tu perro. Recuerda su ansioso deseo de ir a caminar contigo. Recuerda su entusiasmo al cazar una ardilla o un pájaro. Recuerda su conducta pacífica cuando se echaba en el suelo con su cabeza sobre sus patas. Cuando te relajes en el recuerdo agradable de la actitud de tu perro, regresarás a la alineación de la misma forma que solías hacerlo cuando él estaba en la habitación contigo. Entonces, si lo deseas, el Universo te traerá otro perro para reemplazarlo. Si estás dispuesta a realizar el trabajo, atraerás un cachorro que no se comerá tus zapatos.

Es posible para ti, en tu comprensión de la vibración y sobre lo que tu perro sabía respecto a la alineación, lograr ahora la alineación y liberar la dolencia de perderlo, y eso es suficiente, porque puedes no sentir el deseo de cocrear con otro. En todo caso, no te animamos a que consigas otro perro para tratar de llenar el vacío del último, sino, más bien, a llenar ese vacío con lo que te está de verdad haciendo falta: la alineación con tu *Ser Interior,* y luego seguir adelante con cualquier acción que te sientas inspirada a realizar desde ese lugar de alineación.

Entonces, desde tu lugar de tristeza, busca pensamientos más agradables *a favor de la corriente*:

A veces, me olvido por un minuto que mi perro no esta ahí, y entonces cuando lo recuerdo, me siento muy triste.

Tantas cosas a mi alrededor me hacen pensar en él y lo extraño.

Creo que jamás seré la misma ahora que se ha ido.

He escuchado que el tiempo cura todas las heridas, pero en mi caso no está funcionando.

Cuando más duro me da, es cuando llego a casa y él no está ahí para recibirme.

Estas afirmaciones son una representación precisa de cómo te sientes y del tipo de pensamientos que estás teniendo respecto a tu perro. Este proceso de buscar pensamientos ligeramente mejores está diseñado para ayudarte a comprender que aunque no puedes traer de nuevo a la vida a este maravilloso perro, puedes sentirte bien de todas maneras, si lo intentas. Sin embargo, no puedes seguir teniendo los mismos pensamientos y esperar encontrar mejoría. Debes buscar pensamientos que te hagan sentir mejor, haz entonces el esfuerzo:

No estoy siempre triste, porque me enfoco en otras cosas.

A veces, hasta pasa un tiempo largo sin que sienta profunda tristeza por mi perro.

Incluso cuando mi perro estaba vivo, yo no pensaba en él todo el día.

A menudo salía de casa sin mi perro.

Aunque estos pensamientos fueron fáciles de encontrar desde donde estabas justo antes, te sientes mucho mejor que con el último grupo de pensamientos. Sigue:

Me alegro de todo el tiempo que pasé con mi maravilloso perro.

Algún día encontraré otro perro que también amaré.

Cuando encuentras pensamientos (o un grupo de ideas) que te brindan un sentimiento de alivio, es útil permanecer con ellos por un tiempo, repitiéndolos y buscando pensamientos similares. Este proceso de buscar pensamientos *a favor de la corriente*, no es una carrera para ver quién puede llegar más lejos *a favor de la corriente* en la menor cantidad de tiempo, sino simplemente encontrar un poco de alivio. Si te tomas el tiempo de encontrar una afirmación que te produzca alivio, y luego reconocer que de verdad te sientes mucho mejor, habrás logrado algo grandioso.

No creo que estoy lista para un perro nuevo.

Un cachorro es una experiencia que te cambia la vida.

Recuerdo a mi perro cuando era un cachorro.

Durante semanas, casi a diario, lo amenacé de llevarlo de regreso a donde lo había recogido.

Siempre me miraba como diciendo: No lo dices en serio, ¿verdad?

Me reía y le aseguraba que jamás lo haría.

¡Ocasionaba tantos problemas al comienzo, y me daba tantas alegrías!

Puede ser que no estés lista para salir ahora mismo y conseguir un cachorro, pero te sientes mucho mejor que hace unos minutos. *No te estamos guiando hacia o en contra de conseguir otro perro en tu vida. Esta Guía es respecto a regresarte a tu estado natural de sentirte bien.*

Sería divertido llegar a conocer otro perro.

Quizá encuentre uno que tenga la misma personalidad de mi último perro.

Tendré que recordarme cómo era cuando era un cachorro.

Estaba interesado en todo..., feliz respecto a todo.

Podría usar una pequeña dosis de lo mismo.

Creo que pensaré al respecto.

≈§ ≈§ ≈§   §≈ §≈ §≈

Ejemplo 33

Nuestro hijo es homosexual

Ejemplo: "Nuestro hijo se fue de casa para ir a la universidad el año pasado, y cuando regresó a casa en las vacaciones de verano, nos dijo a su padre y a mí que era homosexual y que había conocido a alguien en la universidad con quien estaba viviendo.

"Hace unas cuantas semanas que nos anunció esto, y aunque siento una profunda tristeza, ante el hecho de que nuestro hijo único no nos va a brindar el regalo de los nietos, me he ido adaptando a la idea. Pero mi esposo está lleno de ira. Está convencido de que si mi hijo no hubiera ido a la universidad, ni conocido al otro chico, nada de esto habría ocurrido. Cuando veo lo enojado que está su padre (sabiendo lo mucho que lo ama), me aterroriza pensar cómo puede tratar a mi hijo el resto del mundo".

Nunca es fácil para ningún padre comprender que su hijo tiene una visión distinta de la vida; pues la mayoría de los padres creen que a través del arduo trabajo de su propia vida, han llegado a las suposiciones y conclusiones correctas respecto a las cosas, y luego trabajan arduamente para transmitirle lo mismo a sus hijos.

Si hubiera una sola cosa de la que pudiéramos convencer a los padres —algo que pudiera ayudarlos a mantener una relación maravillosa con sus hijos, algo que liberaría tanto a padres como a hijos del dolor de intentar lo imposible— sería esto: *Sus hijos no son ustedes y no vinieron a este mundo a* ser *ustedes. Sus hijos vinieron a esta realidad física de tiempo y espacio con sus propios deseos y planes.*

El hecho de que tu hijo sea homosexual no es algo que le haya ocurrido en la universidad, y no es una elección que él haya tomado, aquí y ahora, desde este punto de vista físico. Esto fue algo que estaba establecido en su Depósito Vibratorio desde su perspectiva No Física, desde antes de su nacimiento físico.

Personas que se definen a sí mismas como homosexuales nos preguntan a menudo: "¿A quién podría ocurrírsele elegir algo así? ¿Por qué elegiría yo vivir un punto de vista tan diferente al de la mayoría de las personas que me rodean? ¿Por qué tomaría una elección que me causaría tanto dolor?". Y les decimos:

Tú no declaraste específicamente, desde tu posición estratégica No Física, que deseabas venir a este cuerpo físico como "homosexual", pero sí tenías intenciones poderosas de venir a este ambiente físico en una situación de la cual no pudieras ser disuadido. En otras palabras, sabías que nacerías en un ambiente en el que estarías rodeado de seres que creerían tener todas las respuestas, que se erigirían en pedestales para imponerte sus juicios e intentarían convencerte de la rectitud de sus creencias.

Y desde tu posición estratégica No Física más amplia, tuviste la intención, cuando llegaste a este cuerpo, de ser diferente de una manera que ellos no entenderían, diferente de una forma que ellos tratarían de cambiarte, pero diferente de una forma en que tú *no podrías* cambiar. Es decir, era tu intención ayudar a los demás a comprender el valor de la diversidad y la imposibilidad de exigir un cambio en aquellos que los rodean. Cuando estás dispuesto a cambiar en esto y en lo otro para ayudar a los que te rodean a sentirse mejor, los estás perjudicando gravemente, porque así ellos jamás descubrirán la libertad que sólo proviene de la comprensión del poder de sus propios pensamientos.

Muchas personas hablan del amor incondicional, pero raramente lo viven. Más bien, cuando ven una condición que ocasiona que sientan emociones negativas, exigen un cambio en la condición; pero al hacerlo, se encaminan hacia un sendero largo y desagradable de intentar controlar a los demás para sentirse bien.

Cuando controlar a los demás es necesario para sentirte bien, debes confinarte a un mundo muy pequeño sobre el cual *puedes* tener control, y luego debes entregar más tiempo y Energía de la que posees, para realizar este esfuerzo imposible.

El amor incondicional es sencillamente eso: estar conectados al amor y a *quienes son en verdad,* sin importar las condiciones... "Cuando me enfoco en los pensamientos con los que mi *Ser Interior* concuerda, y por consiguiente, siento emociones maravillosamente positivas, estoy en alineación con eso que es el amor. Mi hijo, o cualquier persona, no tiene que ser diferente para que yo me mantenga conectado a mi Fuente de amor".

Entonces, quisiéramos que entendieras que, con la más amorosa de las intenciones, tu hijo ha venido a este mundo a obsequiarte el regalo del amor incondicional. Y no hay mayor alegría en tu vida que recibir este obsequio, ni mayor sufrimiento que rehusarlo.

Pero tú, dulce mujer, tienes dos cosas más que considerar: (1) Tienes un hijo que no está complaciendo a tu esposo, y (2) tienes un esposo que no te está complaciendo a *ti.* No te estamos ofreciendo estas palabras para que cambies la actitud de tu esposo hacia tu hijo, ni para que puedas influenciar la conducta de tu hijo. Tu único poder es encontrar pensamientos que concuerden con tu *Ser Interior* y practicarlos hasta que sean los pensamientos dominantes en tu interior.

Es nuestra promesa absoluta que tu *Ser Interior* y la Fuente en tu interior jamás hacen otra cosa que adorar a tu hijo, no importa cuántas personas lo condenen. Y cuando seas capaz de adorar a tu esposo, sin que nada importe —o a cualquiera que sea infeliz debido a la sexualidad de su hijo— experimentarás una libertad de la resistencia cuando llegues a la alineación con *quien en verdad eres* y con la Fuente en tu interior.

Comienza entonces donde estás e intenta dirigirte hacia la posición estratégica que tu *Ser Interior* mantiene respecto a esto:

Mi hijo está condenado a mucho sufrimiento en su vida.

Desearía, con todo mi corazón, que no fuera homosexual.

Mi esposo es un terco irremediable y me temo que jamás superará esto.

*Me paree que la felicidad de nuestras vidas se ha arruinado, y
me siento impotente de hacer algo al respecto.*

Mi esposo no está siquiera tratando de entender.

*Mi hijo no puede hacer nada al respecto, pero mi esposo podría
ser más comprensivo.*

*Esta no es la primera vez que demuestra tal terquedad, pero
esta vez tiene más trascendencia que todas las demás ocasiones
juntas.*

Odio que esto nos haya ocurrido a nosotros.

Ahora te has movido de la impotencia a la ira y a la culpa, o sea
que vas *a favor de la corriente,* en la dirección de tu *Ser Interior;* pero
todavía te queda un largo camino. Sigue buscando pensamientos
más agradables:

*Todo esto es muy nuevo para nosotros, con el tiempo, nos acos-
tumbraremos a la idea.*

No me sentiré así de mal por el resto de mi vida.

*Mi molestia es más respecto a la respuesta de mi esposo, que al
hecho de que mi hijo sea homosexual.*

*Y la respuesta de mi esposo es probablemente más respecto al
efecto negativo sobre mi hijo, que a que lo condene.*

Con el tiempo, todo mejorará.

*Tendrá que ser así, especialmente teniendo en cuenta que todos
deseamos amarnos.*

Algunas veces, situaciones así fortalecen las familias.

*Nada en verdad puede ocurrir que rompa los lazos de amor que
hay entre nosotros.*

*Voy a tranquilizarme al respecto y dejar de rodar la misma pelí-
cula en mi propio drama personal.*

Puedo aplacar todo esto si lo veo desde un enfoque más estable.

Mi esposo es un hombre razonable.

Mi esposo es un hombre naturalmente feliz.

Todos somos personas felices en una distracción momentánea, pero vamos de regreso al Bienestar.

Todo estará bien.

Ahora que estás más cerca de lo que tu Fuente interior siente al respecto, escribiremos aquí la perspectiva de la Fuente para ti...

Ustedes son todos extensiones de la Energía de la Fuente. No vinieron a esta experiencia física con la intención de tomar todas las ideas que existen y reducirlas a un puñado de buenas ideas. No dijeron: "Voy a vivir mi expresión física, averiguar la manera correcta de vivir respecto a todos los temas, y luego le enseñaré a los demás a vivir de esa forma perfecta". Comprendían que todos provenían de una variedad de perspectivas, orientaciones y posiciones estratégicas desde donde fluiría un flujo constante de ideas mejoradas.

Estaban muy emocionados ante el prospecto de llegar a explorar una variedad infinita de ideas, situaciones, condiciones, eventos, relaciones y todo tipo de cosas, pues comprendían que esta variedad sería la base desde la cual fluirían sus ideas infinitas de creatividad. Y sabían que una vez que una chispa de deseo brillara en su interior, la Fuente, que es Ustedes, le prestaría su atención plena a esa idea recién expandida; y que esa idea luego resplandecería en la distancia de su futuro, invocándolos hacia la aventura de conseguirla.

Sabían que no hay nada que terminar y no hay forma de equivocarse... pues, como nunca se termina, siempre hay lugar para la alineación Eterna. Y sabían, por encima de todo, que la Fuente que está en su interior, la Fuente de la cual proceden; la Fuente que los invoca a seguirla; la Fuente cuya mirada jamás se retira de ustedes —la Fuente de *Todo lo que es*— los ama incondicionalmente, ¡ahora y siempre!

Hay un gran amor aquí para ustedes.

— Abraham

Copia de una presentación de Abraham en vivo

Taller sobre el *Arte de Permitir*

(Esta es una transcripción de un Taller sobre el *Arte de Permitir* llevado a cabo en Tampa, Florida, el miércoles 1° de noviembre de 2006. [Ha sido editado ligeramente para añadir claridad]. Para comprar discos compactos, libros, videos, catálogos o discos compactos de videos, o para reservar su espacio en uno de los Talleres sobre el *Arte de Permitir* de Abraham-Hicks, por favor llame al [830] 755-2299; o escriba a Abraham-Hicks Publications al P.O. Box 690070, San Antonio, Texas 78269. Además, para una visión general de nuestro trabajo, visite nuestra página de Internet interactiva: **www.abraham-hicks.com**).

Buenos días. Estamos en extremo complacidos con su presencia aquí. Es bueno reunirnos con el propósito de cocrear, ¿no están de acuerdo? Cocrear en su máxima expresión, en verdad. ¿Están disfrutando de su posición aquí desde la Percepción Avanzada de su forma física? ¿Están apreciando la evolución de sus deseos? ¿Están descubriendo que el contraste en el que nacieron de forma deliberada les está siendo de utilidad? ¿Están apreciando el contraste en razón de su cualidad dadora de vida?

Siempre hacemos un poco de hincapié en esto, porque a menudo nuestros amigos físicos no están muy contentos con el contraste en el que viven. Muchos, especialmente cuando comprenden que vinieron de un lugar de Energía Pura y Positiva, dicen a veces: "Y, ¿por qué razón en el mundo nos proyectaríamos a nosotros mismos en un ambiente en donde existe tanto de lo que no deseamos? ¿En qué estábamos pensando?". Y con frecuencia observan su ambiente y encuentran cosas que les gustan y dicen: "Sí, me gusta eso". Pero luego observan a su alrededor y ven cosas que no les gustan y dicen: "¡Oh no! no quiero eso", entonces ofrecen resistencia. Votan contra eso o luchan contra eso, o se descubren sintiendo emoción negativa al respecto. Y anhelan con frecuencia un ambiente distinto: "Deseo encontrar una relación, o un empleo, o una casa, o una comunidad, o un ambiente en donde, en su mayoría, me ocurran sólo cosas buenas. Porque cuando estoy rodeado de cosas verdaderamente buenas, me siento mucho mejor que cuando hay cosas malas en la mezcla".

Y les decimos, si no tuvieran la habilidad de enfocarse, podríamos comprender su preocupación. Pero puesto que son un mecanismo de enfoque con habilidad para prestar atención a lo que elijan, sabemos que desde su Perspectiva Más Amplia, preferían tener un buffet con una variada selección que un buffet sin ninguna.

Y dicen: "¡Oh!, pero Abraham, tú no entiendes. Un buffet con sólo cosas que nos gustan, ¿qué puede haber de malo en eso?".

Y les decimos que su comida jamás les brindaría entonces ninguna mejoría. Si no tuvieran la habilidad de evaluar el contraste, y comparar lo que desean con lo que no desean, no serían capaces de llegar a nuevas conclusiones, lo que significa que cesaría la expansión del Universo. (No se preocupen, eso jamás ocurrirá).

Ustedes nacieron de forma sabia y deliberada en un ambiente de enorme contraste. Y desde su Perspectiva Más Amplia No Física, lo deseaban mucho porque conocían el valor que contenía. Entonces, cuando visitamos a nuestros amigos físicos, comprendemos por qué cuando no recuerdan que tienen la habilidad de enfocarse, e incluso cuando no han descubierto cómo guiar sus pensamientos —es decir, cuando hay tantas cosas en las que pueden pensar que están siendo proyectadas a través de sus ondas radiofónicas y a través de sus relaciones con los demás— comprendemos lo confuso que debe ser tratar de descifrar todas las cosas posibles en las que pueden pensar. Es para enloquecer a cualquiera.

Pero cuando recuerdan quiénes son y la posición vibratoria de la cual provienen, recuerdan que no sólo es muy fácil enfocarse en la dirección de lo que son, sino que además, nada más lo hará desde su Perspectiva Más Amplia. Es la naturaleza inevitablemente Eterna de su Ser seguir expandiéndose, y lo harán y lo están haciendo. De hecho, no pueden detener esa expansión, eso es algo plenamente seguro.

Deseamos ofrecerles de alguna manera una breve versión del gran esquema de las cosas, para ayudarlos a comprender que ustedes eran la Energía de la Fuente antes de llegar a este cuerpo físico, y que siguen siendo Energía de la Fuente aunque ahora estén en este cuerpo físico. Ahora bien, esto es algo que en realidad, la mayoría de los seres humanos no reconoce conscientemente. Piensan: *Oh, espero que haya habido algo antes de esto, aún más, espero que haya algo después de esto.* Pero pocos entienden que ustedes están enfocados en lo No Físico y en lo físico al mismo tiempo, y que ambas perspectivas son vibraciones activas en su interior en todo momento. Ustedes no están muertos *o* vivos; de hecho, ustedes jamás están *muertos*. Siempre están vivos *y* Vivos.

Así es que ustedes llegaron de lo No Físico, se enfocaron en este cuerpo físico, y en virtud de su atención a un tema diferente, activaron frecuencias vibratorias en su interior. Y la frecuencia vibratoria que activaron como resultado del tema al que le están prestando atención ahora, está recibiendo retroalimentación vibratoria desde la perspectiva de la Fuente en su interior.

Por ejemplo, cuando se observan al espejo y se desprecian (no se gustan, se sienten indignos, incapaces, culpables, "inadecuados"), y sienten esas emociones negativas que ustedes llaman *falta de mérito* o *culpa*, o quizá incluso *reprobación* —cuando sienten esas emociones negativas— la razón por la que esas emociones están presentes en su interior, es porque *su* posición estratégica actual respecto a ustedes, es muy diferente de la posición estratégica de su *Fuente* respecto a ustedes.

Cuando se observan al espejo y se sienten orgullosos de sí mismos y animados respecto a algo, o se gustan y se sienten satisfechos con quienes son, la razón por la que esos sentimientos son tan buenos es porque están en la misma frecuencia vibratoria de la Fuente, quien siempre los adora.

Lo mismo ocurre si están observando a alguien. *Cada vez que sienten emoción negativa —sin importar cómo la llamen o lo radical o leve que sea— sólo significa una cosa: ustedes, en su forma humana, se han desviado de la opinión de su Fuente.*

Pues bien, es maravilloso que lo comprendan porque cuando se conectan conscientemente con eso, activan en un sentido real —en un sentido consciente de tiempo real, de momento a momento— su propio *Sistema de Guía*. Siempre pueden saber, ahora mismo, dónde están con relación a su Perspectiva Más Amplia; y eso es de enorme valor para ustedes porque esa Perspectiva Más Amplia es la culminación de todo en lo que ustedes se han convertido. Esa Perspectiva Más Amplia es su Ser Eterno en su forma más evolucionada.

Regresemos al gran esquema de las cosas: ustedes son entonces *Energía de la Fuente,* y proyectan parte de su atención en este cuerpo físico. Y cuando lo hacen, en este momento, en este cuerpo físico, tienen experiencias de vida. Saben lo que *no* desean; saben lo que *desean*. Y todos los días, cada día —estén hablando abiertamente de eso o no— están lanzando proyectiles de deseos o preferencias.

En otras palabras, cuando alguien es cruel con ustedes, desean que ellos sean amables, pero cuando ustedes son crueles con alguien, *ustedes* desean ser más amables. Cuando no se sienten bien, desean sentirse mejor. Cuando se sienten enfermos, desean sentirse bien. Cuando no tienen suficiente de algo, desean tenerlo. Es decir, la vida origina constantemente nuevas conclusiones, y cada uno de ustedes lo está haciendo, incluso si se trata de un organismo unicelular. Y la expansión de todas las especies —la expansión de todo lo que existe— es un resultado de esta experiencia.

Pero existe la parte que creemos que les cuesta más trabajo a los seres humanos (o por lo menos en donde no han realizado un buen trabajo comprendiendo a fondo el concepto): ustedes son Energía de la Fuente. Vinieron a un cuerpo físico y ahí, en esta forma, le dieron vida a nuevas ideas. Y esta es la parte que realmente deseamos que escuchen: ahora la parte de la Energía de la Fuente en su interior, se embarca literalmente en el proyectil de su deseo y se convierte *vibratoriamente* en lo que están pidiendo.

Puede ser que esto no sea tan significativo para ustedes porque siguen observando el mundo de las manifestaciones. Observan a su alrededor el mundo que *ven,* el cual sólo existe debido a que una vez, fue una *idea,* y luego se convirtió en una *forma de idea,* antes de manifestarse en lo que ustedes ven.

Entonces, cuando les decimos que la parte de ustedes que es su *Ser Interior* se convierte instantáneamente en el *equivalente vibratorio* de aquello que están pidiendo, algunas veces, no les parece muy fascinante. Pero si estuviéramos en sus zapatos, a *nosotros* sí nos parecería, porque ése es el comienzo de la creación de todo lo que están pidiendo. De hecho, es una parte tan importante de la historia de la creación, y una parte tan importante de cómo crear su propia realidad, que hemos escrito un libro y creemos que le hemos dado el mejor título que un libro podría llegar a tener: *Pedid que ya se os ha dado.* Y la razón por la que nos gusta tanto es porque este título nos cuenta la historia completa: *Pedid que ya se os ha dado.*

Queríamos un título más largo, pero la editorial pensó que no era buena idea. Queríamos que el título fuera: *Entonces, soy Energía No Física y proyecto parte de esta conciencia en forma física. Y cuando me manifiesto en forma física, la experiencia de vida que estoy viviendo ocasiona que yo compare constantemente los pros y los contras de lo que estoy viviendo, para darle vida a constantes proyectiles de deseos. Y cuando eso ocurre, mi parte No Física, no sólo responde a lo que le estoy pidiendo, —no sólo me otorga lo que estoy pidiendo— sino que se <u>convierte</u> vibratoriamente en el equivalente de lo que estoy pidiendo.* Dijeron en la editorial que era un título muy largo, en todo caso: *Pedid que ya se os ha dado* dice lo mismo.

Cuando la vida hace que pidas algo, la Fuente no solamente te lo *da*, sino que se *convierte* en eso. Ahora bien, si acabas de escuchar esto, entonces acabas de encontrar la clave para la *Guía* en tu interior, porque estos dos puntos de relatividad vibratoria te ayudarán a saber siempre si estás o no en la misma frecuencia que tu Fuente. Y esto tiene particular importancia cuando recuerdas lo que acabamos de decir: tu vida ha causado que pidas *más de esto,* que desees una *mejoría* de *esto.* Es decir, has estado construyendo progresivamente *este* escenario de tu vida, incluso desde antes de venir a este cuerpo físico (y enfáticamente desde entonces), para llegar a crear esta calidad de Existencia poderosa en la Percepción Avanzada que ya existe. Y la Fuente permanece ahí, siendo, latiendo; y la *Ley de Atracción* está respondiendo a ese estado vibratorio del Ser. (¿Entendiste?). Eso significa que cuando la *Ley de Atracción* está invocando esa versión tuya expandida, ¡qué calidad de *Fuerza Vital!* ¡Qué *inspiración!* ¡Qué *Flujo de Vida!* ¡Qué *llamado de la Fuente!* En otras palabras, ¿te está llegando un sentido del porqué te sientes impulsado o inspirado a moverte en la dirección que lo haces? Es porque tu vida ha ocasionado que tú —a través de lo que estás viviendo— te expandas literalmente y te conviertas más en la versión expandida que ahora debes *ser.*

Muchos de ustedes deben estirar la pata antes de *permitir* que así sea. Nos gusta la expresión: *estirar la pata.* (Tratamos de ser lo más irrespetuosos posible respecto a la "muerte", ya que en realidad no existe). Algunas veces, sus vidas ocasionan que se conviertan en esta versión expandida de ustedes, pero en vez de permitirse ir donde quieren ir, se regodean en lo *que es,* y se mantienen separados de su expansión, y se sienten terrible cuando así ocurre. Pero luego mueren y la brecha se cierra. Lo que deseamos entonces que recuerden es que no existe algo tal como la muerte, pero cuando ustedes pasan por esa experiencia que *llaman* muerte, liberan sus hábitos de pensamientos, que es lo único que les impide ser lo que la vida ha ocasionado que se conviertan.

Llamamos entonces a esta reunión, el *Arte de Permitir,* y en realidad es el arte de permitir el cierre de la brecha. "Es el arte de permitirme a mí mismo, en mi forma humana física, ser lo que la vida ha ocasionado que me convierta. Es el arte de liberar la resistencia y permitir que la Energía que crea mundos fluya a través de mí. Es el arte de llegar a la alineación vibratoria, no solamente con quien era antes de nacer, sino con quien me he convertido desde entonces. Es el arte de llegar a la alineación vibratoria con el Ser de Energía Pura y Positiva que estoy siempre en estado de convertirme. (¿Entendieron?).

Entonces, cuando tienen sentimientos de insatisfacción —cuando no se aprueban ni se sienten realizados— significa que no se están permitiendo ir al ritmo de Ustedes.

Ahora ya conocen su historia. Y ahora deseamos que comprendan mejor que *esta historia del ciclo de la vida los representa desde su llegada de lo No Físico hasta lo físico, dando vida a nuevos pensamientos en los que la parte No Física de ustedes se convierte.* Cuando comienzan a comprender este ciclo de vida que es básicamente la *Ley de Atracción,* comienzan entonces a comprender la naturaleza Eterna de su Ser.

Todos somos Seres Eternos, y ustedes están en la Percepción Avanzada, dando vida a una nueva expansión, y la Fuente se convierte de inmediato en eso. (¿Qué tan bueno es esto?). Bueno, desde nuestra posición estratégica, pensamos que es absolutamente magnífico. Y desde su posición estratégica, cuando se permiten ir a la par, también piensan que es magnífico. Pero cuando la vida ocasiona que sean algo que (por la razón que sea) ustedes no se permiten ser, les hace bastante daño.

Imagínense llevando sus canoas a la orilla y colocándolas en un río con una corriente muy impetuosa. Los remos están dentro de la canoa; ustedes la colocan deliberadamente *contra la corriente* y comienzan a remar con todas sus fuerzas *contra* la corriente del río. Y les decimos, ¿por qué no giran y van *con* la corriente? ¿Por qué no giran y van *con* el flujo?

La mayoría de los humanos dicen: "Para serte franco, jamás se me había ocurrido, porque todo aquel que desea algo con intensidad está tratando de lograrlo de una forma más difícil. Parece como una actitud de pereza". (Risas)

"Entonces, me he posicionado", dicen. "Tengo un bote excelente. Tengo remos muy buenos. ¿Ves cómo están enganchados aquí al borde? Tengo unos guantes de piel muy resistentes. Y tengo músculos, más aún, tengo determinación... Y lo he aprendido de mi madre (risas), quien lo aprendió a su vez de su madre. Es lo único que hacemos todos. Nos esforzamos mucho".

Y les decimos: *¿Pero por cuánto tiempo lograrán aguantar?*

Y ustedes dicen: "Hasta que la muerte nos separe. Mira, Abraham, no sé por cuánto tiempo será, pero todas las recompensas, estatuas y monumentos, han sido otorgados a todas las personas que se esforzaron verdaderamente. (Risas). Y yo quiero unos cuantos de esos". Y tú nos has recordado a menudo que has escuchado, que incluso hay más recompensas después de la muerte para aquellos que realmente se esfuerzan. (Risas).

Entonces ustedes se esfuerzan por convencernos de lo apropiado que es remar *contra* la corriente, y nosotros siempre escuchamos con cariño, porque comprendemos su perspectiva. Pero, entonces tenemos eventualmente que detenerlos y decirles algo que deseamos (con todas nuestras fuerzas) que escuchen: <u>Nada de lo que desean va contra la corriente. Ni una sola cosa que desean está contra la corriente.</u>

Y, ¿saben cómo lo sabemos? Conocemos el ciclo. Sabemos quiénes eran ustedes antes de nacer. Sabemos lo que sus vidas han ocasionado que hagan en el lanzamiento de sus proyectiles de deseos. Sabemos que la Fuente en su interior se ha convertido en el equivalente vibratorio de lo que están pidiendo, y sabemos que la *Ley de Atracción* está respondiendo a esa vibración poderosa y latente, y sabemos que eso es lo que origina la Corriente.

Hace poco nos dijo una mujer (había ido a almorzar con sus hijos, y luego había regresado al seminario, y fue la primera en ser llamada para formular su pregunta)...: "Mi hijo me pidió que les hiciera una pregunta: '¿Por qué los adultos son tan gruñones?' ". Y le dijimos: Porque cuanto más tiempo viven, más encuentran cosas que criticar y de qué preocuparse. Cuando más viven, más encuentran cosas que no desean y más cosas a las que les gritan *no*; y a cuantas más cosas les gritan *no*, más se vuelven en *contra* de la Corriente.

Jerry y Esther tuvieron hace unas cuantas semanas la deliciosa experiencia de ir a una aventura de descenso de aguas bravas en un maravilloso río en Colorado. La corriente del río iba a toda velocidad, estaba en la categoría IV, lo cual es un río con una corriente muy impetuosa. Mientras se iban acercando al río —conduciendo a lo largo de la orilla con las demás personas en el autobús, con los botes sobre el techo del vehículo, ascendiendo el cañón— Jerry y Esther miraron el río y se dijeron más de una vez: "Debemos estar completamente locos".

Era un río bravo. El agua llegaba hasta algunos de los peñones grandes, y más allá de los puentes, y demás; y cuando ellos colocaron sus balsas en el río... (Estaban con seis amigos, y luego había otras balsas que iban con la misma compañía del río, todos eran equipos de lucha libre de chicos de secundaria. A su amigo, que los había invitado a este viaje, su hija le había dicho esa mañana, al salir de casa: "¿Les dijeron su edad?")... Y cuando pusieron su bote en el agua, fue evidente de inmediato que no tenía ningún sentido intentar remar *contra la corriente*. Ni siquiera les cruzó esa idea por la mente, pues sabían que ese río haría lo que quisiera con ellos.

El hombre que les estaba enseñando cómo navegar, el Guía de su balsa, les dijo: "Amigos, esto no es Disneylandia, aquí no podemos cambiar la corriente del río". Y la razón por la que él les estaba diciendo esto, es porque conocía el poder del río. Conocía la fuerza del río. Señaló unas pilas de grandes rocas y les dijo: "No deseamos que nuestra balsa se quede atrapada en esas rocas, porque si eso llegara a ocurrir, el río nos daría una paliza". Y luego se refirió a la página 5, párrafo 3, de la cláusula de exención de responsabilidades que ellos acababan de firmar, lo cual demostraba lo obvio que era no tener la más remota posibilidad de sobrevivir a esa eventualidad. (Risas). Esther se rehusó a leerla. Leyó el primer párrafo y dijo: "Su palabra es suficiente para mí".

La razón por la que les estamos diciendo esto es porque deseamos que comprendan que *su* río es así. No es posible cambiarle el sentido de la corriente. Su río ya fluía antes de que ustedes llegaran a este cuerpo físico, y cuando más viven, más rápido fluye, porque cada vez que tienen una experiencia, piden más. Y cada vez que piden algo más, la Fuente se convierte en eso. Y cada vez que la parte de ustedes que es la Fuente se convierte en eso, la *Ley de Atracción* responde. Y cada vez que la *Ley de Atracción* les responde (a ese ser que está en el proceso de convertirse), su Flujo se acelera.

Ustedes podrían tener los mismos pensamientos negativos que desarrollaron cuando tenían 4, 5, 10, 15 ó 20 años —podrían tener las mismas actitudes negativas respecto a algo, no tiene que haber cambiado— pero 10, 15, 20, 30, 40, 50 ó 60 años más tarde, esa actitud negativa, que no ha cambiado en absoluto está ocasionando más daño en ustedes, porque su Flujo se está moviendo mucho más rápidamente. Y la *Ley de Atracción* dice que el Flujo no puede quedarse quieto; siempre cambia. Entonces, si han estado regodéandose en algo que no desean, y esa *vibración* en su interior se ha fortalecido cada vez más, al mismo tiempo su *solicitud* también se ha fortalecido y fortalecido.

Entonces ustedes han causado que su Flujo se acelere, en ese ejemplo, y también están rehusando ir con el Flujo. Eso es lo que es una *emoción negativa*; una *sensación negativa;* una *enfermedad.*

Incluso, los niños que se enferman están experimentando la enfermedad porque sus vidas les hacen desear algo que no creen que pueden tener. Es decir, cuando tienen ese sentimiento de impotencia y falta de control, y algo realmente les interesa, pero tienen la creencia que dice: *No puedo obtener lo que deseo,* y se colocan en esta posición imposible, porque hay una batalla interna a nivel energético librándose en su interior que no los beneficia.

La buena noticia es: *No importa dónde estén. En cualquier punto, pueden dar la vuelta e ir con el flujo, en cualquier punto. De hecho, ni siquiera tienen que darse la vuelta y remar con el flujo. Sólo deben soltar los remos... el Flujo los hará dar la vuelta.*

Algunas veces, ustedes nos escuchan cuando alardeamos sobre todas estas emociones agradables: *aprecio* y *amor*; y *alegría* y *pasión*, y todos esos sentimientos agradables de los que les hablamos siempre. Y los hace pensar que, en todas las condiciones y cueste lo que cueste, deben darle la vuelta a su bote, *brrrrrr*, colocarle un motor y llegar a la emoción agradable tan rápido como puedan.

Y les decimos, deseamos que lleguen donde se sientan cada vez mejor, pero puesto que conocemos el poder del Flujo, no hay urgencia para llegar ahí. *Sabemos, que si dejan de hacer lo que están haciendo (eso que los está dirigiendo contra la Corriente) esa Corriente los hará dar la vuelta y los llevará a ese lugar.*

También sabemos que no tienen otra opción. No pueden llegar allá debido a que ocurra algo (algo que le ocurra a un ser querido o algo que les ocurra a ustedes en su propia experiencia de vida...: ustedes desean algo, no logran entender cómo lograrlo, se deprimen o sienten enojo o ira, o cualquier emoción negativa, no importa cómo lo llamen: miedo). No pueden, en su estado de emoción negativa, girar de repente su bote y acelerar hasta el lugar en donde se sienten bien. No pueden hacerlo. Tampoco tienen que hacerlo. *Lo único que tienen que hacer es dejar de remar contra la corriente y el Flujo los llevará.*

Deseamos entonces dejarlos con una profunda revelación de la emoción que más desean lograr. Usamos todo tipo de descripciones, desde *desespero* y *sufrimiento* y *miedo*, hasta *venganza* y *rabia* y *enojo*, hasta *frustración* y *agobio*, hasta *pesimismo*, hasta *esperanza*, hasta *optimismo*, hasta *convicción*, hasta *sapiencia*, hasta *amor*, hasta *alegría*. Y existen muchas otras palabras que aplicarían en algún lugar de la *Escala Emocional*, pero hay una sola palabra necesaria aquí para aplicar su estado emocional del Ser. Esta es la emoción que deseamos que busquen todo el día, todos los días, sin importar dónde coloquen su bote: *Es la emoción del alivio.*

Cuando sienten *desespero* o *miedo* (sensaciones muy similares), y buscan algo que los haga sentir menos terrible, y encuentran la *venganza, sienten* alivio. La gente no desea escuchar esto, especialmente aquellos que viven con ustedes. Ellos prefieren que ustedes sigan deprimidos. Así ocasionaban menos problemas. (Risas). Pero si en alguna ocasión se han sentido *temerosos* o *desesperados,* y han encontrado un hálito de aire fresco en la *venganza*, saben que han *sentido* alivio.

No los animamos entonces a que se queden ahí y se regodeen en la venganza, porque cuando el Flujo continúa su movimiento, la *venganza* irá pronto *contra la corriente*. (¿No es, acaso, eso interesante?). Entonces, se sienten *desesperados*. Se liberan del pensamiento que lo está originando, y el Flujo los hace girar y ahora *sienten* alivio. Pero si no continúan con el flujo, si siguen dándole la vuelta, este Flujo seguirá pidiéndoles que den la vuelta, que den la vuelta, que den la vuelta y que den la vuelta. Entonces, cuando giran de la *venganza* a la *ira,* de nuevo *sienten* alivio; y cuando giran de la *ira* a la *frustración,* de nuevo *sienten* alivio; y cuando giran de la *frustración* a la *esperanza,* de nuevo *sienten* alivio. (¿Comprenden el significado de esto?).

Entonces, permitan que su intención sea *no* dar la vuelta e intentar remar *a favor de la corriente, porque cuando hay algo que están tratando de que ocurra y no saben cómo hacer para que ocurra, y se aferran a los remos y tratan de remar a favor de la corriente, siempre se dan la vuelta y van contra la corriente.*

Cuando tratan de hacer que ocurra una "sanación", siempre van *contra la corriente*. Tratan de hacer que algo "mejor" ocurra, van *contra la corriente.* Dicen: "Voy a determinar una meta", van *contra la corriente,* porque hay algo en la actitud de *tratar* que siempre hace que vayan *contra* la corriente. Ocurre algo muy distinto cuando sencillamente se dejan llevar: ustedes lo llaman entrega total. Nosotros no lo llamamos desistir de sus deseos...; no pueden, puesto que *sus deseos son Eternos*. Ustedes no pueden convertirse en menos de lo que ya se han convertido. No pueden vivir la vida, la cual ha ocasionado que pidan más, y luego decir: "Ya no importa". No pueden hacerlo. Pueden seguir modificando sus deseos, pero siempre están expandiéndose, y su Flujo continúa yendo cada vez más rápido, y por mucho que los amemos, *no tienen otra opción que dejarse llevar por el flujo si desean sentirse bien.*

Siempre es emocionante observar cuando uno de ustedes estira la pata, porque cuando estiran la pata, sueltan los remos. Y, ¡oh!, ¡qué paseo tan maravilloso en el río! Regresan de inmediato a la Energía Pura y Positiva, y se convierten plenamente en lo que la vida ha ocasionado que sean. Estamos aquí con ustedes porque pensamos que sería muy divertido si lograran llegar a ser *quienes son* mientras siguen aquí en este cuerpo físico. Las generaciones futuras se beneficiarán de lo que están viviendo. En otras palabras, el contraste que viven cuando ven guerras que no desean, cuando desean Bienestar; cuando ven personas con hambre y desean que puedan alimentarse, cuando viven lo que está ocurriendo en su vecindario, en su país, en su mundo, en su hogar; cuando lo viven, le dan vida a proyectiles de deseos constantes; y ustedes, y sus experiencias de vida, están en un estado Eterno de conversión. Y es lo que la mayoría de ustedes no ha considerado: ese estado es la posición vibratoria desde la cual nacieron en esta experiencia física. (¿Lo entienden?).

Esa es la razón por la que los bebés que están naciendo ahora ya vienen con las conexiones apropiadas para el servicio de televisión por cable. (Risas). Esa es la razón por la que entienden tan bien el Internet y los equipos modernos. Nacieron desde la Energía de la Percepción Avanzada de todo esto. Están libres de resistencia. De eso es de lo que se trata la "brecha generacional". No es una brecha generacional, es una brecha de Energía..., es una brecha de resistencia. Y por eso, el *Arte de Permitir* es realmente cuestión de cómo mantenerse a la par con Ustedes. Y cuando se permiten estar a la par con Ustedes, ¡oh, qué vida tan emocionante viven!

Pueden imaginarse a Jerry y Esther diciéndole a su Guía en el río: "¿En dónde debemos sacar el bote del agua?".

Y él diría: "¡Oh!, después de muchos kilómetros río abajo, cerca de Fort Collins".

Y luego Esther le diría: "Y bien, tengo una idea muy buena. Deseamos que coloques nuestra balsa en la parte de atrás del autobús y deseamos *conducir* de regreso. Y deseamos que coloques nuestro bote en el agua a sólo unos metros de la salida; porque a nosotros nos gustan las manifestaciones *instantáneas*".

Y él diría: "Como usted quiera, vieja loca (Risas), pero yo creía que usted lo que quería era un paseo en el río".

Y esto es lo que deseamos decirles: *Creíamos que lo que querían era un paseo en el río*. Y ustedes dicen: "Claro que quiero un paseo en el río, pero no quiero vivir sin lo que quiero durante 10, 20, 30, 40 ó 50 años. ¿Cuánto tiempo debe uno desear algo antes de tenerlo?". Y nosotros les decimos: Nada de tiempo si se dejan llevar por el flujo. Para siempre si no se dejan llevar.

No "para siempre", para siempre en términos de esta experiencia de vida. En otras palabras, pueden mantenerse lejos de lo que se han convertido si trabajan duro en eso. Deben unirse a grupos de apoyo en el Internet (Risas), sin embargo, deben unirse a esos grupos que realmente los mantienen motivados respecto a no soltar los remos... Cuando duermen, ¿saben lo que ocurre? Sus botes dan la vuelta... *ahhh*. Luego se despiertan y reman y reman y reman y reman y reman. Luego se duermen... *ahhh*. Se despiertan y reman y reman y reman y reman y reman. (Risas).

Lo que ocurre es que ustedes son Energía Pura y Positiva. Son un Flujo, y luego nacen en el cuerpo de un pequeño recién nacido. Y justo al nacer, esa madre se preocupa ya por ustedes, y hay una ligera separación en su vibración. Y cuando se van a dormir, cierran la brecha. Cuando se despiertan, sigue ahí un poco. Y cuanto más tiempo viven, la mayoría de ustedes, más encuentran cosas de que quejarse y preocuparse, y es más probable que tengan una brecha entre permitirse ser y *quienes son en verdad*.

Luego crecen, y desean mejorar su experiencia de vida. Entonces, van a un seminario a donde les enseñan a meditar. Aprenden a aquietar su mente, y cuando aquietan su mente, dejan de pensar, y cuando dejan de pensar, dejan de tener pensamientos de *resistencia*: y su brecha se cierra... Luego salen de la meditación, encuentran a alguien a quien criticar y agrandan la brecha. Encuentran a alguien a quien elogiar, y la cierran. Buscan cosas que van mal, y la agrandan. Buscan cosas que van bien, y la cierran. En otras palabras, un *Frenesí de gratitud* siempre cierra su brecha, y buscar cosas que van mal siempre la agranda. Así que todos los días, cada día, les ocurre esto, dependiendo de lo que estén haciendo con su proceso de pensamientos.

El *Arte de Permitir* es realmente cuestión de prestar atención a lo que sienten —para estar conscientes de esta brecha entre ustedes y Ustedes— y guiarse deliberadamente hacia pensamientos de menor resistencia liberando los pensamientos negativos. Ni siquiera tienen que expresar con intensidad todas las cosas positivas, sólo deben dejar de hablar sobre las cosas que los están molestando tanto.

Jerry y Esther conducen un gran autobús. Mide unos 14 metros de largo y por lo general Esther conduce mientras Jerry está en la parte de atrás haciendo algo; a menudo trabajando en un proyecto, viendo un video o alguna otra cosa. Con frecuencia, él está en la parte bien atrás del autobús, y Esther a veces desea hablar con él, y tiene que hacer sonar la bocina. Pero incluso haciendo sonar la bocina, él a veces no la oye; y lo que sí logra Esther es asustar a todos en la autopista haciendo que casi se salgan de ella los otros vehículos (Risas), pero Jerry no puede escucharla porque tiene sus audífonos o por lo que sea.

Hasta que Esther encontró un botón que podía pulsar y cuando lo hacía, *todas* las luces del autobús se encendían. Y cuando lo volvía a pulsar *todas* las luces se apagaban. Luego, cuando Jerry veía que todas las luces se encendían y se apagaban, llegaba a la conjetura: "¡Oh!, Esther debe tener algo que decirme".

Deja a un lado todo lo que estaba haciendo, y atraviesa todo el autobús hasta el frente. Se sienta a su lado y le dice: "Sí, ¿tenías algo que decirme?". Y Esther dice: "¡Oh!, olvídalo. Era un pensamiento *contra la corriente*". (Risas).

¿No les parece bien que le haya tomado tanto tiempo llegar hasta allí? Porque si él hubiera estado sentado a su lado, ella lo habría dicho sin pensarlo. Y él a lo mejor habría estado de acuerdo con ella, lo cual habría empeorado las cosas. O podría haber estado en desacuerdo con ella, lo cual habría hecho que ella tratara aún más de convencerlo. Es decir, una vez que hablas de tu discordia, alguien está de acuerdo contigo, lo cual lo amplifica, o está en desacuerdo contigo, lo cual te fortalece en tu certeza de que lo que tienes que decir es correcto. En otras palabras, cuando dices algo que va de por sí *contra la corriente,* tienes que remar más y más fuerte, pero cuando te detienes por un momento y cuentas hasta diez e identificas: *¿Es éste un pensamiento <u>contra la corriente</u> o <u>a favor de la corriente</u>? ¿Es éste un pensamiento de mi <u>Ser Interior</u>? Hmm, no, en realidad no se siente así. ¿Es éste un pensamiento con el que mi <u>Ser Interior</u> está de acuerdo?* Con el tiempo, comienzas a advertir que siempre puedes *sentir* el llamado de la Fuente. Puedes sentirla si la escuchas. Lleva un poco de práctica, y lleva un poco de práctica en tema tras tema. Pero antes de que te des cuenta, serás tan sensible a la vibración de tu Ser, que lograrás usar la *Guía* de la forma en que te lo propusiste.

En vez de intentar clasificar todos los pensamientos del mundo, o cada pensamiento que hayas tenido en la vida. O los pensamientos de todas las personas en una habitación, o de las personas en tu autobús, o las personas en tu comunidad, o en tu partido político o en tu iglesia, o en el mundo, en vez de clasificar todos esos pensamientos, lo cual te enloquecería, *puedes <u>sentir</u> lo que tu <u>Ser</u>*

Interior conoce respecto a todo. *Puedes* <u>*sentir*</u> *en lo que te has convertido. Y cuando alcanzas este* <u>*sentimiento*</u>*— y te mueves en esta dirección— sientes el alivio de tu cuerpo.*

En el momento en que sueltas los remos, se apacigua la mayoría de la resistencia (aunque pueda ser que te tome un tiempo flotar a favor de la corriente hasta la manifestación de lo que deseas). En el momento en que sueltas esos remos, se apaciguan la mayoría de las enfermedades de tu cuerpo, si éstas existieran. (Hablamos en serio). *El* <u>*alivio*</u> *es la cura que toda la medicina ha estado buscando.* En vez de buscar la *cura,* busca la causa vibratoria. Ni siquiera tienes que encontrar la causa. Ni siquiera tienes que encontrar el pensamiento que *está* originando la resistencia, sólo debes encontrar un pensamiento que *no* esté originando resistencia.

No tienen que resolverlo todo. No tienen que regresar y recorrer sus pasos y comprender dónde fue que todo salió mal. Sólo deben buscar un pensamiento de <u>*alivio.*</u>

El otro día, Jerry y Esther salían de Orlando camino a Boca Raton, y Esther programó el sistema de navegación en el automóvil. De repente, Jerry dijo: "Me parece que vamos en la dirección equivocada".

Esther miró la pantalla y dijo: "Estoy haciendo todo lo que dice ahí".

Jerry dijo: "No *puede* ser".

Y Esther dijo: "Sigamos y veamos a dónde nos lleva".

Los llevó a la autopista de peaje, en la dirección que, según Jerry, era incorrecta. Luego los hizo salir en la Interestatal 4, seguir una corta distancia, dar una vuelta en U y devolverse a la autopista de peaje hacia la otra dirección. Fue un desvío de diez minutos de la dirección hacia donde debían ir. Y Jerry se reía porque para él era evidente que eso era lo que había ocurrido, y le parecía muy divertido.

Después Esther dijo: "Me pregunto si el aparato se volvió loco, o si yo entendí mal y tomé la entrada equivocada; pero se reprogramó rápidamente y dijo: 'Bueno, ya que estás aquí, *éste* es el mejor camino'".

Ahora Esther estaba verdaderamente intrigada: "¿Estará loca la vieja del sistema de navegación o seré *yo* la vieja loca?". Y le dijo a Jerry: "¿Sabes lo que sería verdaderamente divertido? Podemos retroceder, comenzar y rehacer nuestros pasos, y tratar de descubrir que fue lo que hicimos mal".

Y Jerry dijo: "¿O podríamos seguir en la dirección correcta". (Risas).

Qué idea tan novedosa. Quieres decir: ¿comenzar dónde estoy? ¿Quiere decir, no retroceder y tratar de descubrir lo que no funcionó? Significa: no retroceder ni culpar, ni tratar de descubrir quién se equivocó, ¿sólo comenzar donde estoy? Y decimos, eso *es* en verdad lo que deseamos para ustedes.

Colocas tu bote en el río en donde sea que lo coloques, y ¿sabes qué? *Tú estás donde estás.* Un muy buen mantra: *Estoy donde estoy.* Y otro mantra muy bueno: *Estoy donde estoy, y eso está bien.* No solamente está *bien,* no solamente es *suficiente, tiene que estar bien porque es todo lo que tienes.* En otras palabras, no tienes opción, más te vale hacer las paces con eso: *Estoy donde estoy.* (¡Oh!, eso *es* hacer las paces, ¿no es cierto?).

"Estoy donde estoy, y eso está bien". Y, ¿por qué está bien?

"Porque estoy donde estoy, y eso está bien". Y, ¿por qué está bien?

"Porque no tengo otra opción, entonces *tiene* que estar bien. *No tengo opción. Estoy donde estoy*".

"Estoy donde estoy. Coloco mi bote en el río de la *enfermedad,* o coloco mi bote en el río de la *salud.* Coloco mi bote en el río de la *abundancia,* o coloco mi bote en el río de la *insuficiencia* de algo. Coloco mi bote en el río, en medio de un *divorcio* o de una *horrible experiencia,* o coloco mi bote en el río en medio del *amor...* . Coloco mi bote en el río, pero donde sea que lo coloque en el río, en cualquier tema que esté activo en mi interior: *Estoy donde estoy, y está bien. Y tiene que estar bien, porque es suficiente*". Esto nos va a tomar un tiempo. (Risas).

Nos gustaría quedarnos aquí todo el día, porque deseamos decirles: "Estoy donde estoy, y es suficiente. Y estoy donde estoy, y es suficiente. Y sólo existe una emoción que importa, y es la emoción del *alivio.* En otras palabras, ahora mismo *Estoy donde estoy, y está bien porque es todo lo que tengo.* Tengo la posibilidad poderosa y fabulosa de elegir: *¡a favor de la corriente* o *contra la corriente!*

"Sentirme un poco mejor, sentirme un poco peor: Eso es todo lo que tengo, pero es suficiente, porque si donde sea que estoy, busco un pensamiento *a favor de la corriente;* y *ahora* donde sea que estoy, busco un pensamiento *a favor de la corriente;* y *ahora* donde sea que estoy, busco un pensamiento *a favor de la corriente*; y *ahora,* donde sea que estoy —sin importar lo que está ocurriendo— busco un pensamiento *a favor de la corriente...*". ¿Sabes qué ocurre? Comienzas a dejarte fluir.

Cuando comienzas a dejarte fluir, puesto que todo lo que deseas va *a favor de la corriente,* *comienzas a flotar en circunstancias y eventos deseados. Todo tipo de cosas que has deseado —algunas veces durante un largo tiempo— se vuelven aparentes casi de inmediato, porque lo único que impedía que las obtuvieras, era que estabas remando contra la corriente.*

Y, ¿saben lo que es realmente interesante, desde nuestra visión aérea, desde donde todo lo vemos? Esta es una de las cosas más divertidas para ustedes cuando estiran la pata. Por lo menos, eso es lo que nos cuentan aquellos que han estirado la pata últimamente. El Flujo es tan magnífico que los lleva inevitablemente hacia todo lo que desean, eventualmente. Y cuanto más rápidamente giren de forma voluntaria, y se dejen llevar por él, más rápido lo recibirán.

Muchos de ustedes le dan la espalda a ir *a favor de la corriente;* su nariz está orientada *contra la corriente;* y están remando tan fuerte que por más fuertes que son, el Flujo del Bienestar es tan fuerte que los está llevando a favor de la corriente hacia lo que desean de todas formas. Ustedes no lo ven. Pasan flotando al lado. No ven las oportunidades, porque no son Correspondientes Vibratorios de ellas, no las ven; mientras que si estuvieran en un estado relajado de confianza y esperanza, sería mucho más fácil. (Lo visualizan bien, ¿verdad?).

Ustedes son creadores poderosos, que han venido aquí por una razón muy importante, y son mucho más que lo que ven aquí en sus cuerpos físicos. Y cuando se permiten relajarse un poco en donde están y dejarse llevar por el flujo, descubren —desde el primer día que toman esa decisión— el poder de este Flujo. *Descubren el poder del Flujo, el poder de la Ley de Atracción y el poder de su valor; y la naturaleza Eterna de su Ser.*

Se supone que sus vidas sean buenas. Se supone que se *sientan* bien. Se supone que se *diviertan. Se supone que sientan que la vida es buena para ustedes.*

Jamás vinieron a sufrir, pero *sí* vinieron por el contraste, porque el contraste le da vida al poder del Flujo. El contraste añade sus deseos al Depósito Vibratorio. El contraste origina la expansión de su Ser.

"¿Cómo puedo entonces estar en mi cuerpo físico y beneficiarme del contraste y aún así convertirme en el Ser que la vida ocasionó que fuera?... Estando alerta y despierto y no sintiendo miedo del futuro: tomándolo y viendo lo que *no* deseo y sabiendo lo que *deseo*, y luego prestando mucha atención a lo que siento para siempre buscar los pensamientos más agradables que pueda encontrar".

Y antes de que se den cuenta, el contraste de sus vidas dejará de ser un contraste arrasador. Cuando *realmente* saben lo que *no* desean, *realmente* saben lo que *desean*, pero están muy lejos de eso. Luego cuanto más se giren y se dejen llevar por el flujo, lo que comienza a ocurrir es que su contraste se vuelve menos exagerado.

Ahora bien, a aquellos de ustedes que les gusta el drama, puede ser que no les agrade el camino fácil. Pero pueden alcanzar el lugar en donde el contraste dice: *Me gusta esto.* Se dejan llevar por el flujo y lo reciben. *Me gusta esto.* Se dejan llevar por el flujo y lo reciben. *Me gusta esto...*

Entonces, lo desean, lo *obtienen*. Lo desean, lo *obtienen*. Lo desean, lo *obtienen*. (Podríamos seguir). Pero la forma en que *ustedes* lo viven es: lo desean, no lo tienen. Lo desean; no lo tienen. Lo desean; no lo tienen.

"No lo tengo. No lo tengo. No lo tengo. No lo tengo. *Tú* tampoco lo tienes. Tú tampoco lo tienes. Tú tampoco lo tienes. Tú tampoco lo tienes. Veo que *tú* tampoco lo tienes. ¿Cómo *te* sientes por no tenerlo? ¿Tampoco te gusta? A mí no me gusta no tenerlo. *Ellos* sí lo tienen, pero nosotros no. Nosotros no lo tenemos. Deberíamos unirnos al grupo llamado *Los que están en contra de no tenerlo. Los que están en contra de no tener lo que desean".* Y cuanto más no lo tienen, más lo desean. Y cuando más hablan de no tenerlo, más lo desean. Entonces, hacen que su Flujo se mueva más y más y más rápido.

Entonces dicen: "¿Sabes? No me siento muy bien". Y decimos: Es porque tu vida ha ocasionado que tu Flujo sea tan turbulento, y estás uniéndote a estos grupos que no van con el Flujo, y te estás destruyendo.

Y dices: "Lo sé, vi las radiografías..., lo sé, vi el examen de sangre". Y decimos, déjate llevar. Libérate de todo lo que no te deja sentir bien y comenzarás a dejarte llevar por el Flujo.

¿Sabes que no estás enfermo porque piensas específicamente en la enfermedad? Una vez que te enfermas *permaneces* enfermo porque piensas en la enfermedad, pero no te enfermas *debido* a que piensas en la enfermedad. Estás enfermo porque no te gusta ese colega. Estás enfermo porque no te sientes realizado. Estás enfermo porque alguien estuvo en desacuerdo contigo y te traicionó hace veinticinco años y sigues hablando de eso a diario desde entonces. Estás enfermo porque te sigues regodeando en las cosas indeseadas— porque esto no es Disneylandia— y nadie puede detener el Flujo, ni tampoco deseas detenerlo, pues sabes que es el llamado de la *Vida*, es el llamado de la *Fuente*.

Deseamos asistirlos en donde estén, para que giren y se dejen llevar por el Flujo. Les daremos todos los trucos que conocemos para ayudarlos a liberar la resistencia, que es lo único que les impide obtener lo que desean. Entonces, si su deseo es encontrar mejoría en su brecha entre donde están, en cualquier tema, y donde desean estar, estamos ansiosos por ayudarlos.

Para cada pregunta que ustedes tienen, tenemos una respuesta. Para cada problema, una solución, para cada malentendido, un entendimiento. Para cada confusión, hay claridad... No porque nuestros trucos sean mágicos, sino porque conocemos las *Leyes,* conocemos su naturaleza inevitable, conocemos el poder del *Flujo;* y hemos visto su futuro.

Sabes qué hacer, ¿no es cierto? Sabes que eres el creador de tu propia experiencia ¿Sabes que eres *Energía de la Fuente* en un cuerpo físico... lo sabes, ¿no es cierto? Sabes que has venido aquí en este ambiente de la Percepción Avanzada por la emoción de la expansión, ¿Sí? ¿Y puedes *sentir* que estás definitivamente expandiéndote? ¿Puedes *sentir* este Depósito Vibratorio en el que te estás convirtiendo? ¿Y has concluido, desde esta conversación, que esa parte tuya es tan real como será una vez se manifieste?

Esta es la parte que nos encantaría que escucharan. *Deseamos que sepas que tu solicitud ya ha sido respondida: sólo debes dejarte llevar por el Flujo hacia la respuesta. Deseamos que sepas que el dilema con el que te enfrentas ha sido solucionado; sólo debes dejarte fluir hacia la solución. No debes sufrir entretanto. Sólo debes confiar en que el poder del Flujo y el valor de tu Ser es suficiente, porque así es.*

¿No te encanta saber que has venido a este ambiente de la Percepción Avanzada con el propósito específico de dejar que la vida haga que te conviertas en más? ¿Y no te parece divertido? (A nosotros sí). ¿ No te parece divertido? (Te parecerá cuando estires la pata). Pero encuentras todo tipo de cosas para angustiarte y preocuparte, y las usas como motivo para no dejarte llevar por aquello en lo que te has convertido.

Un amigo nos dijo: "Abraham, no creo que te importe que algún día llegue o no mi pareja ideal. Creo que lo único que deseas es que yo llegue a visualizarla tan bien que ya no me dé cuenta si está ahí o no". Y decimos: *Eso es exactamente correcto. Porque cuando eres tan bueno visualizando tu pareja, que ya no sufres porque no la tienes en este momento, estás en alineación con tu propio sueño, y tu pareja tiene que llegar; pero hasta que no estés en alineación con tu propio sueño, no habrá acción suficiente en el mundo para crear la diferencia.*

Sentirás cuando no estás en alineación, no solamente como si el mundo no estuviera cooperando contigo, sino como si el mundo estuviera deliberadamente en tu contra. Pero cuando llegas a la alineación con *quien eres,* llegarás a sentir que nada puede impedir que obtengas todo lo que deseas. No existen fuerzas adversarias. No existen intenciones contradictorias. No existen rivales. No existe nada que pueda privarte de lo que deseas ser, hacer o tener: nada puede impedirte nada a excepción de tu atención a la ausencia de lo que deseas.

Tu trabajo no es convencer a alguien de darte algo que deseas; tu trabajo es solamente encontrar alivio en donde estás. Cuando eres bueno encontrando alivio, comienzas a fluir con tu Flujo, y estas cosas que han estado *a favor de la corriente,* esperándote para que te alinees con ellas, comenzarán a conectarse contigo con una persistencia tan extraordinaria que la gente que te observa se preguntará qué pudo haberte ocurrido.

Comenzarán a describirte como aquellos que apenas comienzan a decir lo que desean y pareciera como si el Cielo y Tierra comenzaran a moverse hacia la realización de sus deseos. Te describirán como aquellos que, no importa lo que esté ocurriendo, son capaces de mantener su equilibrio emocional. Te describirán como aquellos siempre optimistas, incluso en las circunstancias pesimistas. Incluso te llamarán "utópico", pero definitivamente, comenzarán a advertir que tu vida funciona de maneras extraordinarias.

Y cuando te observan, fascinados al ver que las cosas importantes que han sabido que llevas años deseando, ahora están comenzando a fluir en tu experiencia; así como cosas que ellos te han escuchado identificar apenas la semana pasada y que están fluyendo en tu experiencia, exclaman: "Por Dios, ¿qué está pasando contigo?".

Y tú les explicas: "Resulta que hay un Flujo... (risas) y finalmente he llegado a percibirlo, y he dejado de luchar contra la Corriente de mis propias intenciones. Finalmente, he llegado a la alineación *conmigo mismo*".

Ellos dirán: "¿Significa eso que todo lo que deseas ya está en su lugar?".

Y tú dirás: "¡Oh no, lejos de eso! porque cada día tengo nuevos sueños".

Y ellos dirán: "¡Oh! ¿entonces no estás completamente realizado y satisfecho?".

Y tú dices: "Escasamente, en realidad nunca lo estaré. Pero no nací para realizar cosas. Nací para soñar y luego avanzar hacia mis sueños. No vine a *manifestar* una mujer, vine a desearla. Se siente delicioso desearla. Se siente delicioso desearla y se siente muy mal creer que no puedo tenerla, pero *desearla* es lo que realmente quiero. Encontrarla también será delicioso, pero es mucho más delicioso desearla". _Desear con fe es dador de vida._ _Desear con duda es horrible._ Y ahora sabes que tienes la opción.

Estamos llenos de euforia respecto a todo lo que está *a favor de la corriente* para ustedes. Lo hemos visto: es bueno. Se van a quedar anonadados cuando se permitan flotar en la dirección de la corriente: al comienzo. Pero para cuando estén listos para su manifestación, se sentirá tanto como el siguiente paso lógico, que ustedes dirán: "¡Oh! Aquí estabas. Sabía que ahí estabas. Podía sentirte".

Hay un gran amor aquí para ustedes. Y por ahora,
como siempre, permanecemos eterna y felizmente incompletos.

ﷺﷺﷺ ﷻﷻﷻ

Acerca de los autores

Fascinados ante la claridad y la capacidad de poner en práctica la palabra traducida de los seres llamados a sí mismos *Abraham*, **Esther** y **Jerry Hicks** comenzaron a revelar su asombrosa experiencia con Abraham a un grupo pequeño de colegas cercanos en 1986.

Al reconocer los resultados prácticos recibidos por ellos y por aquellas personas que hacían preguntas significativas respecto a la economía, la salud, y las relaciones, y luego aplicar con éxito las respuestas de Abraham a sus situaciones, Jerry y Esther tomaron la decisión deliberada de permitir que las Enseñanzas de Abraham estuvieran disponibles para un círculo cada vez más amplio de personas, interesadas en las respuestas para vivir una mejor vida.

Usando como base su centro de conferencias en San Antonio, Texas, Esther y Jerry han viajado a unas cincuenta ciudades al año desde 1989, presentando talleres interactivos sobre el *Arte de Permitir* a aquellos líderes que se reúnen para participar en este flujo progresivo del pensamiento. Y aunque se le ha prestado atención global a esta filosofía de Bienestar a través de los pensadores y maestros de la Percepción Avanzada, que han, a su vez, incorporado muchos de los conceptos de Abraham en sus libros famosos, guiones, cátedras y demás, la divulgación más importante de este material ha sido de persona a persona, ya que cada uno empezó a descubrir el valor de esta espiritualidad práctica en sus experiencias cotidianas.

Abraham: un grupo de maestros No Físicos evolucionados, presenta su Perspectiva más amplia a través de Esther. Y como hablan a nuestro nivel de comprensión a través de composiciones simples y completas en texto y sonido amorosas, permisivas y brillantes, nos guían a una Conexión con nuestro amoroso *Ser Interior* y a un empoderamiento edificante desde nuestro *Ser Total*.

Jerry y Esther han publicado hasta ahora más de 700 libros, cintas de audio, discos compactos, videos y discos de video. Los pueden contactar a través de su extensa página de Internet interactiva en: **www.abraham-hicks.com**; o por correo postal a Abraham-Hicks Publications, P.O. Box 690070, San Antonio, TX 78269.

ↄ§ↄ§ↄ§ ξ∾ξ∾ξ∾

Notas

Notas

Notas

Notas

Notas

Notas

Notas

Notas

Notas

Notas

Notas